太湖学院国学系列

心经通解

吴雄志 编著

中医古籍出版社
Publishing House of Ancient Chinese Medical Books

图书在版编目（CIP）数据

心经通解/吴雄志编著．—北京：中医古籍出版社，2018.7（2024.4 重印）
ISBN 978-7-5152-1765-9

Ⅰ.①心…　Ⅱ.①吴…　Ⅲ.①《心经》-研究　Ⅳ.①B942.1

中国版本图书馆 CIP 数据核字（2018）第 139906 号

心经通解

吴雄志　编著

策划编辑　杨淑媛
责任编辑　吴　頔
封面设计　王艺晓
出版发行　中医古籍出版社
社　　址　北京市东城区东直门内南小街 16 号（100700）
电　　话　010-64089446（总编室）010-64002949（发行部）
网　　址　www.zhongyiguji.com.cn
印　　刷　廊坊市靓彩印刷有限公司
开　　本　710mm×1000mm　1/16
印　　张　15
字　　数　155 千字
版　　次　2018 年 7 月第 1 版　2024 年 4 月第 2 次印刷
书　　号　ISBN 978-7-5152-1765-9
定　　价　48.00 元

内容提要

本书以一个医者的仁心，从释、儒、道、医四个方面讲解《心经》，引领读者从不同角度、不同层次认识《心经》，既宣明心经修行之法，又告知处世之道，以良好的心态面对病苦、工作、生活，借此更好地认识生命，进而追求更高境界的生活。在本书第四部分，作者借助案例阐述作为医者临证如何通过脉诊和望诊快速识别“惑于色相”与“心生恐惧”，并提供经方以及吴门秘方等解决方案，使医者从中医药的层次帮助患者看破、放下，进而达到心无挂碍，无有恐怖，乃至远离颠倒梦想的禅悦境界。

自序

观音菩萨的经书，重要的有三部：《心经》《陀罗尼经》与《普门品》。《普门品》系菩萨对未发愿的人说法，普门示现，开其法芽，远作菩提之因；《陀罗尼经》为观音菩萨密放神通光明，度化佛门信众；《心经》则是佛家修行总纲。《金刚经》云：凡所有法，皆是虚妄；《宗镜录》言：举一心为宗，照万法如镜。是万法归宗，存乎一心。余乃汇通儒、佛、道、医，以《黄帝内经》《道德经》及《心经》三经互解，示人法门大略。

太湖学院国学院以《心经通解》《内经发挥·丹道说略》及《重订太上道德经》为修行内炼之法，旁参诸家，如《金华宗旨》《性命圭旨》《百字碑》等，唯愿医道永传，普惠人间。

云阳子

戊戌年丙辰于海天阁镜心斋

致谢

在此感谢《心经通解》文字整理小组的志愿者为本书出版所做的贡献。

文字录入：孙耀、牛永宁、张小芳、刘晓慧、李毓秋、李晶、王玲、贺雁、张艳娟、张国华、皮诺曦、唐迪、朱海青、张炜、姜涛、李家兴。

统筹校对：王稳、严洁。

目　录

般若波罗蜜多心经 …… 1
引言 …… 2
《心经》说什么 …… 2
世间与世外 …… 9
轮回 …… 15
概论 …… 20
第一讲　何谓观音 …… 20
第二讲　心经与修行 …… 29
第三讲　认识世界 …… 40
观自在菩萨第一 …… 53
第一讲 …… 53
第二讲 …… 57
第三讲 …… 61
第四讲 …… 67
第五讲 …… 70
第六讲 …… 72

第七讲…………………………………………………… 76

第八讲…………………………………………………… 81

色即是空第二………………………………………… 83

第一讲…………………………………………………… 83

第二讲…………………………………………………… 92

第三讲…………………………………………………… 95

第四讲…………………………………………………… 97

第五讲 ……………………………………………… 105

第六讲 ……………………………………………… 109

第七讲 ……………………………………………… 113

第八讲 ……………………………………………… 119

诸法空相第三 ……………………………………… 124

第一讲 ……………………………………………… 124

第二讲 ……………………………………………… 137

第三讲 ……………………………………………… 141

第四讲 ……………………………………………… 148

第五讲 ……………………………………………… 153

第六讲 ……………………………………………… 157

第七讲 ……………………………………………… 160

第八讲 ……………………………………………… 163

第九讲 ……………………………………………… 167

究竟涅槃第四 ……………………………………… 171

第一讲 ……………………………………………… 171

第二讲 …… 175
第三讲 …… 176
第四讲 …… 180
第五讲 …… 186
第六讲 …… 188
第七讲 …… 194
第八讲 …… 200
第九讲 …… 203
般若秘咒第五 …… 207
第一讲 …… 207
第二讲 …… 210
后记 …… 216
第一讲 …… 216
第二讲 …… 218
第三讲 …… 222
附：《心经通解》——接通自我救赎之路 …… 229

般若波罗蜜多心经

唐三藏法师玄奘译

观自在菩萨，行深般若波罗蜜多时，照见五蕴皆空，度一切苦厄。舍利子，色不异空，空不异色，色即是空，空即是色，受想行识，亦复如是。舍利子，是诸法空相，不生不灭，不垢不净，不增不减。是故空中无色，无受想行识，无眼耳鼻舌身意，无色声香味触法，无眼界，乃至无意识界。无无明，亦无无明尽，乃至无老死，亦无老死尽。无苦集灭道，无智亦无得，以无所得故。菩提萨埵，依般若波罗蜜多故，心无挂碍，无挂碍故，无有恐怖，远离颠倒梦想，究竟涅槃。三世诸佛，依般若波罗蜜多故，得阿耨多罗三藐三菩提。故知般若波罗蜜多，是大神咒，是大明咒，是无上咒，是无等等咒，能除一切苦，真实不虚。故说般若波罗蜜多咒，即说咒曰：揭谛揭谛，波罗揭谛，波罗僧揭谛，菩提萨婆诃。

引　言

《心经》说什么

《心经》全称叫《般若波罗蜜多心经》，是佛教的一部重要经典，我想用儒释道三家汇通的观点给大家讲解。

为什么学习中医的人也要讲这部佛教经典呢？我们反复强调形气神，人由躯体（形质）、气化和神志构成，我们是有意识的生物体，我们有心肝脾肺肾五脏，还有生长化收藏的气化。形质、气化加神志构成了人，这是我们中医的认识。中医与中国文化息息相关，中国文化根源于《易经》。易学是中国文化最初的根基，易学分为《连山》《归藏》和《周易》，大体成书的时间一般认为分别属于夏商周时期。当然，《连山》《归藏》是否属于夏商两代值得推敲。目前传下来的是《周易》，是在周朝完成的一本书，它又包含了《易经》《易传》和孔子的《十翼》，等等。由易学演化出了东方文化的各个分支，其中道家、道教、丹道（包括内丹和外丹）是易学的重要分支，还有武术对人体的认识以及中医对人体的认识，道教、武术、中医都从不同角度去认识人体。

我们外来的文化主要是佛教，佛教从印度传入中国。但是中国的佛教与印度本土的佛教有很大的区别，经过了中国的本土化，经过了中华文明的改造，佛教有机地融入到了中华文明之中。我们用儒释道三家的观点去通释一部重要的佛教经典《心经》，看看它们之间有什么内在的联系。

《般若波罗蜜多心经》，“般（bō）若（rě）”指的是智慧，属于神的范畴。“波罗”是彼岸、对岸，佛教讲回头是岸。“般若波罗”就是我们的智慧要到达彼岸，可以理解为两层意思：第一，如何运用我们的智慧到达彼岸；第二，我们的元神，也就是我们的“神”，如何才能到达彼岸。到达彼岸的不是我们的气，不是我们的形，而是我们的神。“蜜多”，蜜就是蜂蜜，很甜美的意思，就是喜悦、欢喜；“多”是极的意思。我们的元神到达彼岸，是非常欢喜、快乐、愉悦的一件事情。“心经”，“心”是指什么意思？有三层意思，第一指核心，是佛教很重要的一部经典，所以叫作“心经”，第二指心法，就是口传身授，秘而不言的心法，要用心去体会的经典。第三指我们自己的内心，我们的元神。这部经典是讲我们的心，我们心也就是我们的神，包含了先天的元神和后天的识神。

心与神是什么关系？也就是形与神是什么关系。第一，心比神大，我们的身体活在我们的心里面。第二，心外无物，这个世界是由我们的心创造出来的，你有什么样的内心，你看到的就是什么样的世界。我们感觉的种种世界，那都是色，但是色不异空。而受、想、行、识，我们的精神活动也是由我们的心创造出来的。所以，心比神大，心外无物。

物体本身就是一种意识，意识本身也是一种物体。我们学过统计学都知道，按照上帝抛色子的理论，事件的发生有一定的概率，是个随机事件，很多事件是随机的，不是点对点的。我们在局部来看，它是点对点的，呈现一个必然的科学规律。当我们投射到更大的层面上去看的时候，在更大的象限上，我们大部分事件都是随机发生的。当然一般认为随机中有必然，偶然之中有必然，但在实际上很多事情我们预先是无法预测的。所谓我们预测的东西，它实际发生的结果，仅仅是种种可能中的一个，而这一个可能被我们感觉到了。

《般若波罗蜜多心经》，字面的翻译就是：一部关于我们的灵魂到达彼岸诞生种种喜悦的心法。“般若”——灵魂、元神、智慧；“波罗”——彼岸，到达彼岸；“蜜多”——大欢喜、极乐；“心经”——心法，让您的元神、智慧到达彼岸。什么彼岸？欢喜的彼岸，极乐的彼岸。极乐的彼岸是什么？那就是极乐世界啊。如何才能够到达极乐世界，到达充满着大欢喜的地方，这就是《心经》所讲的东西。

为什么我们要到达彼岸呢？这是因为我们一直在海里，在茫茫大海里漂行。什么海？苦海。为什么是苦海？因为它有苦、集、灭、道，有生有死在轮回，所以叫苦海。因为我们的苦海也就是我们看到的宇宙，我们的时间，也就是我们感知到的四维时空的世界。我们所感觉到的就是四维时空，那什么是一维、二维或三维？用一张纸画画，那就是二维。我们在纸上画个线条那就是一维，点个点它是零维。大家看东方人的智慧，我们的爻，八卦的阴爻阳爻，一根线是阳，断成两截那是阴，这就把它降到了一维。我们的太极图、阴阳鱼，这就是二维，但实际上太极图是立体的，大家看我们的《伤寒杂病论研究·标本法》，里面的太极图就是三维的，再配上天干、地支就是四维，也就是我们实际生活的时空。我们在这个时空里生生灭灭，这就是我们讲的苦海。

为什么我们要在苦海之中生生灭灭呢？因为每个人有生有死，都会死掉，不死的只有我们的生殖细胞。我们的精子和卵子两精相搏，受精发育成一个胎儿，然后成年以后再产生精子、卵子，再两精相搏，代代相传，所以受精卵是不死的，我们的生殖细胞是不死的，而我们人是要死的。那为什么需要人呢？因为我们两精相搏，精卵相受，两条染色体合二为一，神就有了。神是什么东西？也就是我们的遗传信息 DNA，我们讲的先天的元神。在我们的意识还没有的时候，我们的神就有了，而这个先天的元神，这套 DNA 由母体和父体的 DNA 合二为一，开始启动转运。一个细胞分裂成多个细胞，形成胚胎，从像一条鱼到像一只猴子，到成为一个人，在胚胎发育中完美重演我们整个宇宙生命的演进过程。而我们一个个体仅仅是为了完成这个过程，这是我们的生命周期。完成这个过程，再产生精子、卵子，然后再一次两精相搏，实际上这就是生物进化的过程。

进化，是什么在进化？是这套 DNA 在进化，因为这套 DNA 在不断地交配，在不断地交换，每次遗传下去的仅仅是这套 DNA 中的一半，一个模板。它本身是两个模板，一个来自父方，一个来自母方，但是他不断交配下去的是一个模板。在这种不断的生和死之间，导致我们 DNA 模板不断地进化，不断地演进。这个 DNA 模板就是我们生命的底层代码，它的转录翻译决定了我们的生命。我们的寿命也是由我们的 DNA 模板决定的，到点你就得死，当然中途可以病死，可以车祸死，可以饿死，可以打仗死，所以我们生命的意义，仅仅是为了让这套模板运行的越来越好。我们每一个人其实都是程序员，为了让这套模板演进得越来越好，让我们一代人又一代人在这个世界上，适应这个世界，不断地使优良的 DNA 模板发生选择优势，产生更好的后代，使 DNA 更好地存在。为此它需要衍生出不死的细胞，就是我们的生殖细胞。两精相搏，精卵相受，精子进入卵子之中，随后精子被降解，仅仅保留它的这套 DNA 模板，然后受精卵开始启动这套模板的转录，分裂产生新的细胞。在分裂产生新细胞的时候，需要营养物质，这个时候它还没有血管，没有办法从母体获得营养物质，它的营养物质就来自于卵子，卵子携带了大量的营养物质，供受精卵做合成与细胞分裂所用。所以卵子的重要意义，第一是带有一套模板，我们的底层代码；第二是携带大量的营养物质，为随后的分裂增殖所用。精子的意义在于提供另外一半模板，与卵子的模板合二为一成为受精卵，随后降解、消失，而受精卵发育成胚胎，然后进入生殖周期（育龄期），再产生精子与卵子。随着生殖周期的终结，七七八八之后，人体彻底衰老，苟延残喘，最后死掉。

这是我们讲的轮回，这是我们讲的苦集灭道，这是我们讲的苦海。如何才能脱离苦海到达彼岸，得到大欢喜？答案就在我们讲的《般若波罗蜜多心经》之中。

《般若波罗蜜多心经》常见的版本有三个：一个是鸠摩罗什本；一个是广成本，又叫通本；一个是玄奘本，又叫略本。广成本为什么叫通本呢？因为它是通常佛经的写法。大家知道佛经的写法，前面就是讲故事，佛陀和大家在一起坐而讲经。大家听他讲经，讲完以后，众生真欢喜，那就不叫众生了，比丘、比丘尼都很欢喜啊，菩萨都很欢喜。他是在讲故事，所以第一句就是“如是我闻”，我就是这么听佛祖说的。这是他的弟子记录的，最常见的一个弟子，大家知道是阿难。看过《剑雨》的都知道，有一句台词大体是“我愿化身一座石桥，风吹五百年，雨打五百年，只愿她从桥上经过”，那是讲阿难的故事。他是佛陀的弟子，记录了很多的佛经，所以他说“如是我闻”。广成本呢，前面有一个头，后面有一个尾，都是在讲故事，讲佛陀讲经的故事，记大家听了以后的欢喜。

玄奘本呢，就是略本，用词非常精练。直接就讲佛经，没有前面的故事，直接上来就是“观自在菩萨”，所以它是略本。它用词也很省略，非常简练、精练，非常精彩。多少个字？268 个字，标题 8 个字，正文 260 个。这就是大家看到的玄奘版的《心经》，我们就以这个版本为基础，给大家讲述《般若波罗蜜多心经》。

在这部非常简短的佛教的重要经典里面，讲了一些很重要的事情：一个是讲宇宙，如何看待我们的宇宙；第二个讲生命，如何看待我们的生命，看待我们的生死，看待我们的形与神；第三个讲修行，它有修行的秘法在里面，它是一本修行的秘笈。所以如何看待宇宙、如何看待生命、如何修行，这是《心经》的三个核心内容。

我们讲医学如何看待生命是非常重要的，对我们做医生是有很大帮助的。以后有时间我们会开一门课《内经发挥与生命》，就是告诉大家如何看待生命。如何看待宇宙，也有一定的应用，因为我们中医讲究天人相应。然后就是如何修行，因为人有一个生死的问题，医生救死扶伤，这是我们的办法，而佛教是通过修行来解决，那么我们不妨看看医学之外的解决办法，对我们可能也有启发。

世间与世外

《心经》讲的是世外法。其实，世间法与世外法，道家讲了很多，在《道德经》里面有很多的论述。《黄帝内经》也讲了很多，一说到《黄帝内经》，就和我们中医有关系了。

《黄帝内经·素问》第一篇《上古天真论》，就讲到了世间法和世外法的关系。“昔在黄帝，生而神灵，弱而能言，幼而徇齐，长而敦敏，成而登天”，这个黄帝很不得了，生下来就很聪明，很小的时候就能说话，别人还不能说话，他就能说话了。长成人之后，“幼而徇齐，长而敦敏，成而登天”，他成人就登天了，按照古人的寿命，其实是很短的，那时的成人和今天的成人不一样。今天我们三十岁还在念书，最早的话，古人三十岁很多已经没有了，我们人的寿命是在逐步逐步延长的。

那么，他登天以后呢，“乃问于天师曰：余闻上古之人，春秋皆度百岁，而动作不衰；今时之人，年半百而动作皆衰者，时世异耶，人将失之耶?”他就说了，上古之人，能度百岁而动作不衰，为什么今天的人年过半百动作皆衰呢？“岐伯对曰：上古之人，其知道者，法于阴阳，和于术数，食饮有节，起居有常，不妄作劳，故能形与神俱，而尽终其天年，度百岁乃去。”这里讲的就是世间法，世间法说什么呢？说“其知道者”，就是懂得道的人，“法于阴阳，和于术数，食饮有节，起居有常，不妄作劳”，那么，你最后能怎么样呢？“形与神俱，而尽终其天年，度百岁乃去”。“天年”，就是人的寿命，这是底层代码 DNA 决定了的人的寿命。人的寿命，按照哺乳动物平均的生殖周期来类推，大概是一到两百岁，或者说不超过三百岁，所以叫“度百岁乃去”。虽然你“形与神俱”，仅仅是活够你的天年——自然寿命，“度百岁乃去”。所以，我们中医的导引等方法，让你法于阴阳，和于术数，形与神俱，最多也就是尽终其天年，度百岁乃去，这是个世间法。

《黄帝内经》又说了，为啥你活得短呢？因为“今时之人不然也，以酒为浆，以妄为常，醉以入房，以欲竭其精，以耗散其真，不知持满，不时御神，务快其心，逆于生乐，起居无节，故半百而衰也”。就是今时之人，他不养生。他“以酒为浆”，他把酒当水喝；“以妄为常”，痴心妄想；“醉以入房”，喝醉了还同房；“以欲竭其精”“以耗散其真”，用自己的欲望来消耗自己的精气；“不知持满”，把水缸都倒见底了；“不时御神”，自己不控制自己的元神，不控制自己的精神；“务快其心”，就是总是图开心，怎么快乐怎么来。所以，他“逆于生乐”，生得很快乐，为什么叫逆呢？因为死得很痛苦，所以半百而衰。就是今时之人连世间法都不讲，常常颠倒梦想，“以妄为常”。

那世间法该怎么做呢？“夫上古圣人之教下也，皆谓之虚邪贼风，避之有时，恬淡虚无，真气从之，精神内守，病安从来。是以志闲而少欲，心安而不惧，形劳而不倦，气从以顺，各从其欲，皆得所愿。”这段话就在说世间法。“虚邪贼风，避之有时”，外面刮大风，你不要跑去吹，当然这个虚邪贼风不完全是指刮风，意思就是你要天人相应，顺应自然。“人法地，地法天，天法道，道法自然”，要顺应自然。然后“恬淡虚无”，就是你要御神，御神之后，“真气从之”，以神御气，然后“精神内守”，就不得病了。所以你应该“志闲而少欲”，不要天天觉得这个东西好、那个东西好；“心安而不惧”“心无挂碍，无挂碍故，无有恐怖”“形劳而不倦，气从以顺，各从其欲，皆得所愿”，这样你就能“尽终其天年，度百岁乃去”。

大家去看《西游记》的第二回，孙悟空和菩提老祖的对话，其实就是在讲世间法与世外法。孙悟空的师父住在哪里？斜月三星洞，方寸灵台山，就是那个地方只有方寸大小，就像个指头那么大。灵台山呢？人的灵性居住的地方，所以叫灵台山，就是元神，元神住在那儿。斜月三星洞，就是说那个地方啊，是三星所构成的一个洞，就是人的印堂。就是说印堂印进去，有一个方寸之地，是居住元神的地方。方寸灵台山住着一个菩提老祖，“菩提”是佛教的用语，指的是智慧，就是人的元神；老祖，印堂那个地方道家叫祖窍穴，所以这个地方住着菩提老祖，也就是人的元神，人的性光所在的地方。他要教孙悟空“术”字门、“流”字门、“动”字门的功夫，孙悟空却不学，因为这些都是世间法，都不能长生。

《上古天真论》又说了："黄帝曰：余闻上古有真人者，提挈天地，把握阴阳，呼吸精气，独立守神，肌肉若一，故能寿敝天地，无有终时，此其道生。"道生就是"寿敝天地，无有终时"。我们前面讲了"形与神俱，而尽终其天年，度百岁乃去"，人的天年，DNA也就是天数决定了人的寿命为一到两百岁不超过三百岁，而这个道生能够"寿敝天地，无有终时"，它破了人的天年，破了天数，此其道生。所以，《黄帝内经》又讲了世外法，就是可以达到道生的状态。

这里就提出了道生的概念，做不到道生的人，不外乎是积精全神，也就是度百岁乃去，也就是"中古之时，有至人者，淳德全道，和于阴阳，调于四时，去世离俗，积精全神，游行天地之间，视听八达之外，此盖益其寿命而强者也，亦归于真人"，长寿而已，尽其天年。当然还有圣人，"精神不散，亦可以百数"。所以至人、圣人，都是"尽终其天年，度百岁乃去"，都是世间法。再比如《四气调神大论》讲的"所以圣人春夏养阳，秋冬养阴，以从其根，故与万物沉浮于生长之门"，《生气通天论》说的"故圣人传精神，服天气，而通神明"，这些都是世间法，不外乎"度百岁乃去"。

世外法就是我们讲的道生，能"寿敝天地，无有终始"。如何才能做到道生呢？"黄帝曰：余闻上古有真人者，提挈天地，把握阴阳，呼吸精气，独立守神，肌肉若一。"这可以分成两句来理解。第一句“提挈天地，把握阴阳”，为什么呢？阴阳者，生杀之本始。“人法地，地法天，天法道，道法自然”，道生一，一是什么？一是混沌，所谓的先天地生。一生二，就是阴阳。所以，道生一，生了混沌，一生二，生了阴阳，二生三，三生万物。所以“提挈天地，把握阴阳”是道生的基本原则。第二句“呼吸精气，独立守神，肌肉若一”，“呼吸精气”就要养精，“独立守神”就要御神，“肌肉若一”就要全形，养精、御神、全形，这是形气神三者。通过“提掣天地，把握阴阳”来实现“呼吸精气，独立守神，肌肉若一”的养精、御神、全形的状态，最终的结果就是“寿敝天地，无有终始”，这个人就不死啦，我们叫作道生。所以道生涉及我们的精气神，或者说形气神，形——“肌肉若一”，气——“呼吸精气”，神——“独立守神”。

那么，从形气神的角度上来讲，如何才能做到道生呢？这就是《六微旨大论》讲的“不生不化”，就是不生化，没有气化，这是第一个。第二，无形无患，没有形质。形和气都已经说了，第三，守神圆满，也就是要守他的神。不生不化、无形无患，是在《六微旨大论》里讲的，而“守神圆满”是在《本病论》里面讲到的。圆，就是一个圆圈，满，就是充盈，就是神光圆满的意思。你看神的背后都有个光圈、光环，这是道生的三个基本的要素。

《黄帝内经·素问·宝命全形论》说“黄帝问曰：天覆地载，万物悉备，莫贵于人，人以天地之气生，四时之法成，君王众庶，尽欲全形”。也就是说，天气下降，地气上升，最后化生万物，万物之中，莫贵于人，“人以天地之气生，四时之法成”。但是人这个东西呢很奇怪，“君王众庶，尽欲全形”，也就是说不管你是贵为君王，还是为芸芸众生（“众庶”），都想“宝命全形”。换言之，贪生怕死是人的本能，所以《黄帝内经》专门有一篇叫《宝命全形论》。

那么我们如何突破贪生怕死呢？你要贪生的话，就可以修世间法，修世间法之后就能够“形与神俱，尽终其天年”，也就是我们讲的“法于阴阳，和于术数，饮食有节，起居有常，不妄劳作”。这个还包括些什么呢？“虚邪贼风，避之有时，恬淡虚无，真气从之，精神内守，病安从来。是以志闲而少欲，心安而不惧，形劳而不倦，气从以顺，各从其欲，皆得所愿。”这些都是世间法，告诉你吃东西要有节制；起居啊什么时间睡、什么时间起要有规律；“不妄劳作”，你不管劳心、劳房还是劳力都有一个度；然后呢你要“恬淡虚无”，不要“以妄为常，以酒为浆”，不要去痴心妄想，做颠倒梦想之事。“精神内守”，然后不要“醉以入房，以欲竭其精，以耗散其真”，若做这些逆于生乐的事情最后就死于痛苦，这些都是世间法。当然，当你不满足于“度百岁乃去”的时候，还可以想有什么办法可以做到道生。我们的中医《黄帝内经》讲道生，道家也讲道生，佛家叫涅槃，涅槃是灭度、寂灭，它的原意是灭度、寂灭的意思，就是圆寂。所以佛家讲的是死，佛家告诉你怎么去死，道家告诉你怎么去生。“不知生焉知死，不知死焉知生”，不管是道生还是涅槃，最终都是得道或者修成正果，两个采取了不同的下手方法。

为什么要跟大家讲《心经》?《心经》是讲涅槃的最终结果，讲死的，但是它那个死我们叫灭，通过灭来度，叫作灭度。那么我们《黄帝内经》讲道生，这两个之间有什么区别?有什么联系?我们读《心经》，对我们理解《黄帝内经》，理解中医又有什么样的帮助?这就是我们想要探讨的问题

轮　回

《般若波罗蜜多心经》，“般若”是指智慧，就是元神。“波罗”指的彼岸，就是轮回，我们在苦海中轮回，要到达彼岸。彼岸是什么?“蜜多”极乐，就是极乐的世界，所以佛家认为，人有轮回。

那么道家怎么看待这个问题呢?《灵枢·本神》讲“故生之来谓之精，两精相搏谓之神。随神往来者谓之魂，并精而出入者谓之魄。所以任物者谓之心，心有所忆谓之意，意之所存谓之志，因志而存变谓之思，因思而远慕谓之虑，因虑而处物谓之智”。

这段话可以分成两段来看，“故生之来谓之精，两精相搏谓之神。随神往来者谓之魂，并精而出入者谓之魄”，这是第一段，这是讲精神魂魄。

第二段，“所以任物者谓之心，心有所忆谓之意，意之所存谓之志，因志而存变谓之思，因思而远慕谓之虑，因虑而处物谓之智。”这里讲的心意志思虑智，指的就是“五蕴”里的“受想行识”。“受”，感知，任物者谓之心。《黄帝内经》讲的“心”就是佛家讲的“受”。“受”是接受，接受就是“任物”，“任物”就是感知外边的世界。所以，“任物者谓之心”，也就是佛教讲的“受”。“受”之后就是讲“想”，“因志而存变谓之思，因思而远慕谓之虑”，就是思考，就是把这些东西在大脑里进行加工，加工之后又往远处想，思考这个事物的前因后果。“行”就是“因虑而处物谓之智”，想了之后他就有动作了，他就决定怎么办了。“识”是什么呢？“心有所忆谓之意，意之所存谓之志”，你感知了外边的世界，然后你把你的感知记下来，而这个“意”和“志”就是《心经》讲的“识”。所以，“任物者谓之心”是“受”；“心有所忆谓之意，意之所存谓之志”这个是“识”；“因志而存变谓之思，因思而远慕谓之虑”，这是“想”；“因虑而处物谓之智”这是行，这就是我们“五蕴”里讲的“受想行识”。

“五蕴皆空”，无“受想行识，无眼耳鼻舌身意，无色声香味触法”，这是《心经》讲的。《黄帝内经》怎么讲？“故智者之养生也，必顺四时而适寒暑，和喜怒而安居处，节阴阳而调刚柔，如是则僻邪不至，长生久视”。一个是世外法，一个是世间法。所以说，佛家修行要出家要剃度，而道家修行可以在家，你在家里就可以修行，大隐隐于市。

我们回过头看第一段话："故生之来谓之精，两精相搏谓之神。随神往来者谓之魂，并精而出入者谓之魄"。他这里在讲神，神是什么呢？"生之来谓之精"，生之来有精子和卵子，精子授精之后只有 DNA 保留下来了，精子就被降解了。卵子除了 DNA 之外，有很多细胞质胞浆，这些细胞浆里储存的营养物质被生长发育消耗掉了。因为受精卵是没有血管的，它的细胞的分裂增殖需要的营养物质，来自于卵子所储存的营养。"生之来谓之精"，"精"指的就是 DNA 模板。

几个精？两精，一套模板来自父方，一套模板来自母方。所以"两精相搏"就是受精的过程，两套 DNA 模板合二为一，这个时候神就有了。两套 DNA 模板合二为一之后，就可以开始转录，然后细胞开始分裂增殖，发育成一个新个体。只有这两套 DNA 模板合二为一，才能够开始转录，开始繁殖新的个体，这个时候神才有了。神就是这个 DNA 模板的转录，就是这个底层代码。这个底层代码编在那里之后，是不能够被转译的。

《灵枢·决气》又讲"两神相搏，合而成形，常先身生，是谓精""常先身生，是谓精"，就是在你身体还没有之前就有精。"两神相搏，合而成形"，指的是两精相搏之后，两套 DNA 模板合二为一，父亲的神——父亲的 DNA 模板与母亲的神——母亲的 DNA 模板，合二为一成为一个完整的新的神，开始细胞分裂增殖，形成新的形。

那么，它和《般若波罗蜜多心经》讲的"波罗"（彼岸，脱离苦海，苦海是指轮回）有什么关系呢？因为佛家讲人在轮回，在苦海之中轮回，“苦集灭道”。

《心经》讲“诸法空相，不生不灭，不垢不净，不增不减”。“不生不灭”就是讲没有“苦集灭道”，佛家讲生灭，死了又诞生一个新的个体，灭了一个新的人又生出来了。道家讲生死，佛家讲生灭。死和灭有区别吗？有，死指的是死，灭指的是灭，缘起缘灭啊，灭就像一个波一样，起来了掉下去，起来了掉下去。灭是什么？灭是观。你看到的那个叫生灭，你亲临的那个叫生死，灭是无我的。

《灵枢·天年》讲“黄帝问于岐伯曰，愿闻人之始生，何气筑为基，何立而为楯，何失而死，何得而生？岐伯曰：以母为基，以父为楯，失神者死，得神者生也。黄帝曰：何者为神？岐伯曰：血气已和，营卫已通，五脏已成，神气舍心，魂魄毕具，乃成为人”。楯是指盾牌，也就是栏杆，也是“挡”的意思。“两精相搏”，就是你父亲的模板和母亲的模板，在一起受精，它本质是“两神相搏，合而成形”。也就是说，你父亲的DNA模板和母亲的DNA模板，本质上是你父亲的神和你母亲的神。因为我们的元神就是这两套模板，每个人都有两套模板才合成一个完整的元神。这两套模板一阴一阳，合而成形。这个模板来自于母亲的模板就有母亲的神，来自于父亲的模板有父亲的神，所以以母为基，以父为楯。这说明我们每个人都是父母生命的延续，我们在轮回，而我们轮回之后，我们的身体都是我们父母生命的延续，这叫遗传。我们无论体貌特征，还是性格特征等，都遗传了我们父母的特征，子女总是像父母。这就是说，我们的人身上是三个人，每个人身上有三个人，一个是你的父亲，一个是你的母亲，一个是你——父母和合成形的你。我们看一个人，我们看到的是三个人，看到的是他父亲、母亲和他本人。所以道家的修行有修父母的，在那里打坐念想，一会儿父亲出来了，一会儿母亲出来了，最后看到一个自己。然后这个人成人之后的精子或卵子和别人去受精，又产生了一个新的个体。那个个体身上可以看得到他、他的爱人，还有他的子女。

这就是我们讲的一阴一阳之谓道。我们去看《易经》的六十四卦图，它就是一个阴阳，阴阳里面再分阴阳，阴阳里面再分阴阳……我们《易经》的六十四卦图，把它转化成阴阳，我们会看到不断的细分，不断的细分，往下延伸，这也就是我们佛家讲的轮回。轮回就是父母死了、灭了，但是他又轮回了，他的子女身上带着父母的基因特征，子女老了死了，子女的子女又带着他父母的基因，一直在延续下去。那么从这个角度上讲，子女其实是父母的轮回。但是佛家本来讲的轮回还不止这个，还有其他东西，跑到一个新的个体上去，而这个个体可能不是他的子女，这个我们不去评述它。因为我们是从《黄帝内经》《道德经》《心经》三经通讲来解《心经》，用《内经》《道德经》的一些观点来印证《心经》的观点，来更好地去认识生命。至于其他更多的东西，需要大家去体会。

概　论

第一讲　何谓观音

《心经》叫《般若波罗蜜多心经》。“般若”是智慧，觉悟后的智慧，是先天的元神，不是后天识神所讲的智慧；“波罗蜜多”是到达彼岸；“心经”是一本心法，是观音菩萨的心法。

观音菩萨为什么叫观音菩萨？首先我们讲“观”。《心经》开篇就是“观自在菩萨”，观音的观是让你去看，用神光去看。人是有形的东西，所以人属阴。阳化气，阴成形，人的一身属阴，唯独二目属阳。因为我们的二目集聚神光，《黄帝内经》叫命门。用我们的神光去“观”，也就是我们的元神，也是我们讲的“般若”。

当然，刚开始的时候，你是不会用元神观的。当修行到一定的程度，你的神光就会出现。神光有外光和内光，这两个有区别，我们这里讲的神光是指内光。

“观自在菩萨，行深般若波罗蜜多时，照见五蕴皆空”，这是一句，先观后照。佛教的修行，首先是“观照”。观了之后，用神光去照。所以，《陀罗尼经》中的观音发愿偈讲“千眼光明遍观照”，就提到了观照的问题。当观照之后，行深般若波罗蜜多，首先坐下来是观，观之后行深般若波罗蜜多，会照见五蕴皆空。当入定以后，神光出现，就能照见五蕴皆空。因为刚刚坐下来观的时候，还在欲界，入定以后才会进入色界。

观照之后最后是寂灭，寂灭在佛教又叫灭度，又叫涅槃，“心无挂碍，无挂碍故，无有恐怖，远离颠倒梦想，究竟涅槃”，寂灭是两件事情，一是寂，一是灭。寂是静的意思，但是这个解释太浅了，我们给大家解释为物我两忘的状态，大家去体会。外景没有了——这个世界没有了，内景没有了，“我”也没有了，这种状态我们叫作寂，寂比大部分人讲的静要深得多。寂之后就是灭，灭什么呢？在观音的经书里讲了很多，比如《心经》讲的“度一切苦厄，真实不虚”，也就是“乃至无老死，亦无老死尽，无苦集灭道”。“苦集灭道”，灭的是什么呢？灭的是苦，这是第一个灭。《普门品》讲得更直接：“心念不空过，能灭诸有苦”。灭什么？灭我们的苦，这也是讲第一个灭。《普门品》又讲“种种诸恶趣，地狱鬼畜生。生老病死苦，以渐悉令灭”，所以不但能够灭苦，还能够灭死。《心经》讲“亦无老死尽”，就是灭我们的生死，这是第二个灭。《普门品》还讲了第三个灭，“悲体戒雷震，慈意妙大云，澍甘露法雨，灭除烦恼焰”，能灭什么？能灭我们内心的烦恼。“灭除烦恼焰”，内心的烦恼也属于苦的范畴。苦有可能是精神的苦，有可能是肉体的苦，所以叫“度一切苦厄”“无苦集灭道”“无老死尽”，其实就是灭除我们的苦厄，灭除我们的生死。

观、照、寂、灭，指的是四步。先观，坐下来，然后入定，“行深般若波罗蜜多时”；第二步才是照，“照见五蕴皆空”；照之后才是寂，“心无挂碍，无挂碍故，无有恐怖，远离颠倒梦想，究竟涅槃”；寂之后才是灭，灭除种种烦恼，灭除苦厄，灭除生死。观、照、寂、灭是四步，这是我们讲的第一个观。修行是有次第的，有的所谓修行的人都是在吹牛，说了很多你听不懂的话。有时候我们接触中医，经常有中医跟我讲，中医不能讲、不可知、不可说、不可言、不可名，所谓中医，既非中医，是名中医。这个是精神病啊，你应该去精神病院，中医不可知、不可言、不可名、不可说，那你学啥呀！所谓中医，既非中医，是名中医，你以为别人没读过《金刚经》啊？这个精神有问题的。

《普门品》对观、照、寂、灭讲得也很形象。《普门品》讲观，比如“或在须弥峰，为人所推堕，念彼观音力，如日虚空住”，这个讲的就是道家的真空炼形，就像一个太阳挂在半空中，这是我们讲的观。《普门品》讲照，“无垢清净光，慧日破诸暗，能伏灾风火，普明照世间”。《普门品》与《陀罗尼经》不一样，它语言直白，非常适合一般的人民群众去诵读，因为它好懂，朗朗上口，《陀罗尼经》要复杂一些，里面还有梵文。

讲完“观”我们讲“音”。音是听，耳朵去听，听到的声音。我们修行的时候，要用眼去观，用耳去听。眼用的是神光，我们的般若，我们的元神。耳用的是什么？耳听的是天音——天籁之音，不是世间的声音。天籁之音听不到，那你就先听世间的声音，听你的呼吸，也可听你的皮肤，慢慢达到一定境界之后，就可以听到天籁之音。怎么才能听到天籁之音？前提是道家讲的“视之不见，听之不闻”，眼睛看不到东西，耳朵听不到声音，指的是什么？外七窍闭而内七窍开，就是凡世间的七窍闭了，世外的七窍才打开。我们人有七窍，有眼耳鼻舌身意、色声香味触法，外七窍闭了，心里面心的七窍才真正打开，才能够看见常人看不见的东西，才能听得见常人听不见的东西。当然，闭主要是靠修行，也有其他办法，像道家也有一些法术的体系，但是对人来说，修行可以自然而然地做到。

有人说这个太玄了，怎么可能做到视之不见，听之不闻。密宗有一支就让你睁开眼睛打坐，那个就是视之不见。这还是在说打坐嘛，那我跟你讲些不打坐的。男女做爱，在高潮的时候，男人就是视之不见、听之不闻。人在性高潮的时候，他的视野是狭窄的，屋里进入小偷、旁边有人看都不知道，这就是视之不见、听之不闻。俩人为了一个女人决斗，提着刀立马要砍，旁边有事也看不见。当人精神高度集中的时候，就是视之不见，听之不闻。吕纯阳《百字碑》怎么说的？“坐听无弦曲”指的就是声音，天籁之音；“明通造化机”指的是观，明就是照，光明的意思。他也在讲观音的问题。视之不见是观，听之不闻是音。

我再给大家讲一个，《黄帝内经》读过吧？学中医应该读过《黄帝内经》。你说《黄帝内经》这么多篇，我读不完，那就读《素问》啊。《素问》这么多篇，也读不完，那你读第一篇《上古天真论》嘛。《上古天真论》有句话“游行天地之间，视听八达之外”。“游行天地之间”是出元神了。为什么能做到视听八达之外呢？视就是观，听就是音，内七窍打开了。所以，我们说“观音”，首先是观，观要用般若，般若也就是悟道以后的智慧，是元神。般若怎么来的？这在《陀罗尼经》观音发愿偈叫作“南无大悲观世音，愿我早得智慧眼”。这就是指的这个东西，用他去观。

还是回到《普门品》，《普门品》说得比较简单直接。在说到观的时候，怎么说的呢？“真观清净观、广大智慧观、悲观及慈观，常愿常瞻仰。”观第一是真观，第二是清净观，第三是智慧观，第四是悲观，第五是慈观。

什么叫真观？真指的是真常，道家讲“真常须应物，应物要不迷，不迷性自住，性住气自回，气回丹自结”。真观是用真常去观，有真常就有无常，大家知道黑无常、白无常。真常就是你的真心，就是你的心，也是你的元神，用他去观，所以叫真观。

第二个叫作清净观。清和净是两个意思，清是寂，物我两忘，没有声音很静，这叫作清。净指什么呢？净指干净，“无无明，亦无无明尽”，心里不要乌七八黑的。《普门品》讲清净观，《心经》讲无无明，《陀罗尼经》讲“洗涤尘劳愿济海，超证菩提方便门”。

第三个是广大智慧观。什么叫广大智慧观？《大悲咒》出自《陀罗尼经》，全名叫《千手千眼观世音菩萨广大圆满无碍大悲心陀罗尼》，这里就涉及广大智慧观。它的智慧观第一个是广，第二个是大，广是平面的，大是立体的。怎么叫作广大呢？无边无际。他的智慧，他的心，他的神通，无边无际，人天混成，内外合一，外景既是内景，心比身大，宇宙都由心所造，也就是心含万物，整个自然界的山水天地都在心之中，所以他的心才是广大无边无际的，所以叫作“广大圆满无碍大悲心陀罗尼”，这是讲的广大智慧观。智慧也就是观音发愿偈讲的智慧眼，也就是《般若波罗蜜多心经》讲的般若。真观和智慧观还是有区别，真观是要用真性、真常，用元神去观；我们说的智慧是觉悟后的智慧，叫般若，不是世间讲的智慧。觉悟之后的智慧是元神的神光。那么，元神就等于般若吗？不是，因为元神要练就纯阳，要经过修炼，把它打造得很强大，要没有一丝阴气，那时才能够“超证菩提方便门”，才能得道，才能得到阿褥多罗三藐三菩提。这个时候我们叫作智慧观，叫作般若。不是真观就等于智慧观，智慧观是又高了一个层次。

第四个是悲观，第五个是慈观。悲观怎么说呢？那就是观音发愿偈子讲的“真实语中宣密语，无为心内起悲心”。慈观就是爱，观世音菩萨一个是有大悲，第二个是有大爱。这个悲不是我们凡人所讲的悲观，而是“无为心内起悲心”，这个悲是大悲；这个爱，也不是我们凡人所讲的爱，而是大爱。所以，《陀罗尼经》讲《广大圆满无碍大悲心陀罗尼》，“南无阿俐耶，婆卢羯帝，烁钵呐耶，菩提萨陀婆耶，摩诃萨陀婆耶，摩诃迦卢尼迦耶。”“ 菩提萨陀婆耶”，菩提是觉悟的意思，萨陀是情，菩提萨陀指的是大觉有情，他有大爱，不是人间的小爱。“摩诃迦卢尼迦耶”讲大悲，也不是一般人哭哭啼啼的那种悲。所以我们叫作大悲大爱。这两个都要求无碍，也就是“心无挂碍，无挂碍故，无有恐怖，远离颠倒梦想，究竟涅槃”。无碍才能做到广大圆满，在广大圆满的基础上“无为心内起悲心”，才能大觉有情，才能够做到大悲大爱，所以，陀罗尼经的名字叫《千手千眼观世音菩萨广大圆满无碍大悲心陀罗尼》。这样读起来很顺口，实际上首先是无碍，心无挂碍然后是广大圆满，才究竟涅槃，然后大悲大爱。大悲大爱从哪里来的？从无为心之内而来。长的咒语叫陀罗尼，咒语是密语，所以说“真实语中宣密语，无为心内起悲心”。

所以，《普门品》观音的观是五观——真观、清净观、智慧观、悲观、慈观。首先要用真常、真性去观，看待万事万物像看电影一样，如如不动，“真常须应物，应物要不迷”，不要迷恋在红尘之中，不能够用后天的识神去观，看见别人倒霉了就高兴，谁过得开心你难受，那可不行，要用真性、真常、真如去观。第二个观是清净观，清是寂静的意思，净是干净的意思，不要心里乌七八黑的，说的东西都不可以见人，一辈子见不得光。然后是广大智慧观，用你的慧眼去观，因为先天的元神经过修炼之后，能够得到般若，得到智慧，这个智慧不是一般人后天所讲的智慧。简单地说这个智慧可以阶级神明。什么阶级神明？“受持身是光明幢，受持心是神通藏”。什么叫作“受持心是神通藏”？“游行天地之间，视听八达之外。”然后还有悲观，还有慈观。悲观是有大悲之心，怜悯众生；慈观是大觉有情，有大爱，所以应该“常愿常瞻仰”，照照你自己，你也在修行，你修行的是啥啊！

关于“音”呢？《普门品》是这么总结的：“妙音观世音，梵音海潮音，胜彼世间音，是故须常念”。我们一般听到的是世间音，人世间的音，比如这个人唱的歌哭哭啼啼的，那个人唱的歌疯疯癫癫的，迪吧里的歌歇斯底里的，等等，我们听的就是这种音。《普门品》讲五音除了世间音，还有妙音、观世音、梵音、海潮音。我们知道观世音在海上，我们叫作香山。《大悲咒》讲“婆卢吉帝，室佛罗愣陀婆”，其中“愣陀婆”指的是自在香山，自在香山在一个海岛上。这个海在哪儿？这个海可能就是我们的苦海，大家都在里头泡着呢。梵音指的是什么呢？不是梵文的意思，是指天籁之音。所以，大家说“观世音菩萨，具一切功德，慈眼视众生，福聚海无量，是故应顶礼”。大家要对观音菩萨顶礼，就是这个原因。

道家怎么理解观音呢？道家说观用的是眼睛，用眼睛来观，眼睛为心灵的窗户，眼睛通于我们的心；音是用的耳朵，耳朵来听声音，耳朵是肾之窍，是用我们的肾，所以，观音就能够做到心肾相交。心指心阳，肾指肾阴，心肾相交，就能做到阴阳交媾。这是我们讲的自身阴阳，把自身的阴阳交媾在一起。眼睛神光，属阳——心阳；耳朵听到的声音可有可无，属于我们的肾阴，心肾交而阴阳媾，得到先天造化，心肾被比喻为八卦中的坎离，也就是我们说的“壶中配坎离”。所以，观音—眼耳—阴阳—心肾，就是我们的自身阴阳交媾造化的过程。道家讲究三花聚顶——精气神，也就是吕祖《百字碑》讲的“白云朝顶上，甘露洒须弥”。三花如何聚顶呢？眼观，那是神；耳听，那是精；呼吸，那是气。呼吸更复杂，要讲很长时间，我们讲《心经》就不讲它，因为佛家是从性光入手，强调涅槃，认为人身臭皮囊是可有可无的，不用了，就扔了，就算了。道家是炼形的，觉得肉身很珍贵，变成人不容易，需要炼形，所以对精气神有很多的讲究。而佛家呢，更多的是考虑性光，使灵魂得到解脱，元神能够圆满地离开，涅槃就认为是得道了。两者入手的角度有些区别，但本质上都有内通的地方。

我们讲了观照寂灭，首先是观照，“观自在菩萨行深般若波罗蜜多时，照见五蕴皆空”。观照之后是寂，然后是灭。观照就是视之不见，寂灭就是听之不闻。观照就是观，寂灭就是音，合起来就是观音。所以，先观照，后寂灭，寂灭之后最终是什么境界呢？是涅槃，究竟涅槃。由观照，到寂灭，到涅槃。观照是让你由欲界进入色界，通过观照，用神光可以见到色界，由欲界进入色界。寂灭可以由色界到无色界，诸法空相。寂灭之后，诸法空相，无智亦无得，也就是《金刚经》讲的佛祖在燃灯佛所实无所得，无智亦无得，所谓法即非法，达到这个境界什么都没有。但是，究竟涅槃，涅槃之后是不是无得呢？“得阿耨多罗三藐三菩提”，不得自得，最后得道了。观照、寂灭与涅槃，这是三个境界，观照就是我们讲的观，寂灭就是我们讲的音。

第二讲　心经与修行

《般若波罗蜜多心经》是非常简短的一部经书，也可以说是大乘佛教的一个纲领性的经书。这本经书是观世音菩萨的一部经书，观世音菩萨的经书常见有三本，一本是《般若波罗蜜多心经》，第二本是《普门品》，第三本是《陀罗尼经》。另外还有《观音灵感真言》，六字大明咒出自《观音灵感真言》，“唵嘛呢叭咪吽”，这个大家都会念。《大乘妙法莲华经》的《普门品》是一部显传的经书，非常通俗好懂，也就是所谓的“真实语中宣密语”，用老百姓能听得懂的大白话讲述佛经，所以非常通俗易懂。还有一部经书是《陀罗尼经》，《陀罗尼经》不大好懂了，有很多秘传的东西，甚至涉及佛教的法术体系。我们知道法术在道教很复杂，研究很深入，道家有正一教、全真教，其中正一教是以法术为特点。佛教也有它的法术体系，但在某种程度上并没有构成主流的体系。《陀罗尼经》就涉及法术，涉及佛教的秘传。《陀罗尼经》中的“观音发愿偈”，是讲观世音菩萨发愿；大悲咒也是从《陀罗尼经》择取出来的。

关于观世音菩萨的这几部常见的经书，总纲性的是《般若波罗蜜多心经》。《心经》其实是佛家修行的一部总纲性的经典，就是告诉你如何去修行。

首先，“观自在菩萨，行深般若波罗蜜多时，照见五蕴皆空，度一切苦厄。”这句经文告诉大家大乘佛教在修观世音菩萨的时候，基本的方法是观、照。首先是观，然后是照。怎么观呢？打坐时，坐下来观自在菩萨，就是观你就是菩萨，菩萨就是你，我们叫作佛我合一，也就是道家的存想。你去看观世音菩萨的眼睛，三分睁，七分闭。三分观天下，七分观自在。菩萨的眼睛你看他睁着吧，目光中是在看自己，回光返照，这就叫作“观自在菩萨”。

“行深般若波罗蜜多时”，“行”就是修行，“深”就是入定。修行入定之后，“照见五蕴皆空”，这个时候出现了光，性光出现了。入定以后出现性光，性光是什么呢？有的说是白色的光环，有的说是圆坨坨的光，还有的说“一轮明月耀天心”，还有像道家西派说的毫光三现，这些说的都是性光。性光出现时要注意区别它有外光、内光，有的是身体之外的光照进来，有的是脑子里一道光照在自己身上。这个当然要区别，因为下手方法不同。不管什么下手的方法，都见五蕴皆空。“五蕴”本身是一个佛家的概念，色加上受想行识就构成了“五蕴”，也就是照见色、受、想、行、识五蕴皆空。有的人就会感觉自己的身体没有了，在照见的时候突然间看自己的下半身没有了，这属于“五蕴皆空”。

什么叫“度一切苦厄”呢？《黄帝内经》讲的无形无患。五蕴皆空，无色受想行识，你就无形无患，所以叫作度一切苦厄。

“舍利子，色不异空，空不异色，色即是空，空即是色，受想行识亦复如是。”这就来到了第三个层次。第一个层次是“观自在菩萨，行深般若波罗蜜多时”，因为刚刚入定下来的时候，你是在欲界。什么叫“欲界”？各种欲望、各种念想一个接一个，这都是在欲界。在欲界“行深般若波罗蜜多时，照见五蕴皆空”，用什么照？用光，有光就进入到了色界，“照见五蕴皆空”的时候可以看到七彩光环，可以看到白天看不见的各种景象，这个时候你进入了色界。但是，不要留恋在色界之中，要从色界里面走出来，走入无色界。什么是“无色界”？“色不异空，空不异色，色即是空，空即是色”。从色界走出来就无色界，色界之前是欲界，我们人就生活在欲界，痛苦啊开心啊爱啊恨啊……五花八门。然后，性光出现，照见五蕴皆空，出现七彩光环，种种景象，这是色界，走出去就是无色界，那就是佛家讲的“空”。因为色界和空界是一个镜子的两面，也就是《金刚经》讲的明净光明，风雷雾电。平面的镜子放在那儿，镜子里面什么都没有，可是你看镜子里面各种光影变幻，那个光影变幻就是色界，那个镜子就是无色界，所以色与空是两端，把这个问题想明白，才能够从色界里走出来，进入无色界，否则，执着于无色界、执着于空，它就是不空。就好比如果你把零也当作一个数字，那就不是什么都没有。真正的空是从色界里面走出来，自然达到一个更高层次的境界。

当打坐，打到光影都消失的时候，突然间出定，“哎哟，我都坐了一个多小时了，好像一个小时不存在似的”。那一个小时你就进入了无色界。当然了，这个体会各人不同，五花八门，我只是举一些例子，举一些大家能够听懂的例子，用最简单的话去说。很多人就说，你说的有不严谨的地方，你应该把各种可能性都说了。如果说得非常复杂，大家是听不懂的。大家可以去学《普门品》，《陀罗尼经》有很多秘传的内容，很复杂，需要智慧。什么叫作智慧？一百个人里面有个一，一百前面是一，后面两个零，就是前面的那个一可以学秘传的，学复杂的东西，后面的两个零那九十九，那一半人还是适合学《普名品》。《普门品》用大白话讲经，大家不要小看大白话，“真实语中宣密语，无为心内起悲心”，大白话也能够把你讲懂的。

“舍利子，是诸法空相，不生不灭，不垢不净，不增不减。”佛法要达到的是无色界，由欲界、色界达到无色界，达到空相。空相之后就会做到“不生不灭，不垢不净，不增不减”。什么叫不生不灭？《黄帝内经》讲“有不生化乎”？《黄帝内经》讲为什么人都要死呢？有没有不死的？有。为什么不死？他不生化，也就是《黄帝内经》讲的真人。不生则不灭，有生则有灭，人因为有生，所以有死。不垢不净，就是没有干净与不干净，这就是菩提树与明镜台的关系，“身是菩提树，心如明镜台；时时勤拂拭，勿使惹尘埃”，这还是在色界。在无色界就是“菩提本非树，明镜亦非台，自来无一物，何处惹尘埃”，这就进入了空相。不增不减，打坐的时候，一下子人变得非常高大，顶天立地，哎哟，又缩小了，变成跟拳头一样，这还是在色界里面。在无色界，看不到自己的身体，所以不增不减。

“是故空中无色，无受想行识，无眼耳鼻舌身意，无色声香味触法，无眼界，乃至无意识界，无无明，亦无无明尽，乃至无老死，亦无老死尽，无苦集灭道，无智亦无得。”这是在讲无色界。无色界肯定是空中无色，真正进入无色界，就是所谓的空相。进入真正空相的时候，看不见色界的七彩光环、天女散花、花雨满天等等，这种种景象是没有的。而且无色界没有色受想行识，色受想行识就是五蕴，就是五蕴皆空。五蕴皆空与照见五蕴皆空又不一样，照见五蕴皆空的时候，还有光，那是在色界，而到了空相的时候，光都没有了。

除了五蕴也没有六根、六尘，“无眼耳鼻舌身意，无色声香味触法”。眼耳鼻舌身意、色声香味触法是六根和六尘，六根是人的六个感觉器官，六尘是感知外界世界的各种感觉。这种感觉没有了，感觉不到眼耳鼻舌身意的存在，也感觉不到色声香味触法的存在，就会出现“无眼界，乃至无意识界”。无眼界看不见东西了，无意识界不再有意识了。因为没有感觉就没有知觉，没有知觉就不能够形成意识，就没有心理过程，这是心理学讲的内容。“无眼界，无意识界”道家叫作什么？道家叫视之不见，听之不闻。睁眼瞎，睁开眼睛看不见，长着耳朵听不到，就是视之不见，听之不闻。

“无无明，亦无无明尽。”“无无明”是在色界，当照见五蕴皆空的时候，通体透明，没有一点阴暗的地方，这是色界的内容。“亦无无明尽”，到了空相，到了无色界，无明尽也没有了，连光明都没有了。色界没有黑暗，到了空相连光明都没有了。这样就能够做到“乃至无老死，亦无老死尽”。时间在这里停顿下来了，衰老的过程阻断了，所以没有老死。不仅是没有老死，“亦无老死尽”，也没有不死，死和不死都不存在了。为什么会不死呢？因为不存在死，就不存在不死。

这样就“无苦集灭道”，自然就“无智亦无得”。观世音菩萨能够给我们智慧眼，观音发愿偈里面有两句话：“南无大悲观世音，愿我速知一切法；南无大悲观世音，愿我早得智慧眼”。这个智慧眼，在道家叫作玄眼，佛家也可以有玄眼、有神通。但是《心经》又告诉大家诸法空相，无智亦无得，无得就是无法可得，没有法存在。为什么诸法空相、无智亦无得呢？这就是《金刚经》讲的如来在燃灯佛所，于法实无所得。燃灯佛所就是燃灯古佛的地方，我们叫作庄严净土。庄严净土在哪里呀？庄严净土就在你的心田，就在你的心里面，就是你那颗心，你那颗心里就有一盏灯，那里就住着燃灯古佛。神在哪里呀？神就在我们的身上。你心里住着的那个佛就是燃灯古佛，你心里的那盏灯就是燃灯古佛点的灯。如来在那里什么都没有得到，所谓的庄严净土就是你的心田。这个心田从哪里看？可以从眼睛看，眼睛是心灵的窗户。为什么无智亦无得？无得是讲诸法空相，无智是讲智慧眼。什么叫无智？神和鬼都有五通，佛家所谓的神通是修行的副产品，告诉你不要去追求神通，它是修行过程中自然而然伴随的现象，追求神通反而容易堕入魔道，或者王阳明讲的玩弄精神，所以，真正修行的人是不追求神通的。你为什么要追求天眼通，你为什么要开玄眼？不外乎两个事情，你好奇，你想见见鬼是什么样子的，当你看见周围都是鬼的时候，尿都吓出来了，叶公好龙，这是其一。其二，不外乎开了天眼、玄眼的时候，感觉自己不得了，在张三面前炫耀一下，在李四面前炫耀一下，你就不怕把自己给炫耀死了？真正修行的人是不追求神通的，所以无智亦无得。

“以无所得故，菩提萨埵，依般若波罗蜜多故，心无挂碍，无挂碍故，无有恐怖，远离颠倒梦想，究竟涅槃。”这句是说真正明白了诸法空相以后，因为没有所得故，就真正进入诸法空相，进入无色界，在无色界“菩提萨埵”，你证道了，做到了“以般若波罗蜜多故，心无挂碍，无挂碍故，无有恐怖，远离颠倒梦想，究竟涅槃”。也就是说，佛家的特点是修心，它是从性入手。佛家尤其擅长修性，道家练大小周天，炼精化气、炼气还神、练神返虚、粉碎虚空，道家要修命，强调形质，强调皮囊，强调精气神的转化，而佛家认为臭皮囊没关系，不想要了就扔掉，所以是从性入手。从性入手要做到心无挂碍，只要心有一点挂碍，雁过留声，物悬留影，你心里就有阴暗的地方，就有没有光的地方。只有心无挂碍，万事万物来了，我都无心，随它而去，缘起缘灭，无心应物，缘化万有，也就是《普门品》讲的“心念不空过，能灭诸有苦”。“心念不空过”，念头起了没关系，就让念头起起伏伏，缘起缘灭，最后达于寂灭，进入入定的境界。才能把尘世间的事情都放下，没有恨，没有爱，没有喜，没有悲。

《陀罗尼经》怎么讲的？“南无喝啰怛那，哆啰夜耶，南无阿唎耶，婆卢羯帝，烁钵啰耶，菩提萨埵婆耶，摩诃萨埵婆耶，摩诃迦卢尼迦耶”。“菩提萨埵婆耶”，菩提是觉，萨埵是情，大觉有情。“摩诃萨埵婆耶，摩诃迦卢尼迦耶”，这是讲悲心。前面“菩提萨埵婆耶”讲觉悟，觉悟之后有情，叫大觉有情，就是大爱。“摩诃萨埵婆耶，摩诃迦卢尼迦耶”，告诉大家要有悲心，也就是“无为心内起悲心”，叫作大悲有情。观音发愿偈就讲到“真实语中宣密语”，观世音菩萨讲经书都用大白话给你讲。观音有三十二种应相，你是什么样的人，观世音菩萨就用什么方法度你，若是一头猪，就用猪能听懂的话，就变成猪来教你；你没文化，就用大白话来跟你说，所以“真实语中宣密语，无为心内起悲心”。我们讲的真正证道的人是大觉有情、大悲有爱，他是大情大爱。什么是大情大爱？利益众生。但是，他没有了小情小爱，没有了“哎呀，某女士你天天让我心如刀绞啊，每天你都插我一刀，我心疼啊，我爱你啊，我爱的要死啊，我活不了啦，哎呀，这个爱呀”。没有了这种小情小爱，没有了那一点点个人利益的得失。他也有利益，什么利益？利益众生。他也有情爱，他有大觉有情、大悲有爱。这种情爱和我们的情爱不一样，他的利益和我们的利益也不一样，而这种利益和情爱与他的心已经没有关系了，对尘世间的事物无心应物，缘起缘灭，缘化万有，也就是“心无挂碍，无挂碍故，无有恐怖”。

学《心经》会有一个重要的改变，学完以后你不害怕。为什么呢？《普门品》讲观世音菩萨有威神之力，又称他为施无畏者，修观世音菩萨会逐步失去恐怖之心。比如我，我也是心阳虚，小时候自己刷牙的时候总感光背后有人在看，很害怕，但是自修观世音菩萨之后，慢慢就没有恐怖之心了。这是他的一个很重的改变，没有恐怖之心。第一让你无有恐怖，“心无挂碍，无挂碍故，无有恐怖”，你不害怕了。所以，你要老害怕的话，我建议你修观世音菩萨的书，可以修《普门品》《陀罗尼经》《心经》。如觉得《陀罗尼经》看不懂，可以修简单的，比如观音发愿偈，如果对梵文感兴趣可修《大悲咒》，如觉得《大悲咒》太长了，那六字大明咒行吧！跟着念行吧！如果你说我也不懂中国文化，我想修读着优美的经文，那唐三藏法师翻译的《心经》语言就很优美，语言非常漂亮，读起来非常舒服。这都是观世音菩萨的经书，都会让你远离恐怖。

“无有恐怖，远离颠倒梦想，究竟涅槃”，什么叫作远离颠倒梦想？也就是在入座的时候，在空相的境界里，一念不起，念头都没有了，进入寂静的状态。涅槃就是寂灭，寂就是达到寂静，一念不起，视之不见，听之不闻。什么叫作一念不起？也就是“无眼界，乃至无意识界”。无意识界就一念不起，这是内部的，外部的是无眼界，视之不见，听之不闻，远离颠倒梦想，究竟涅槃。达到寂静状态的时候，尘世间虚幻的万物都消失了。

“三世诸佛，依般若波罗蜜多故，得阿耨多罗三藐三菩提。”佛是佛教的一个果位，过去现在未来，那么多的佛，依般若波罗蜜多故，得阿耨多罗三藐三菩提，证道了。所以，“故知般若波罗蜜多，是大神咒，是大明咒，是无上咒，是无等等咒。能除一切苦，真实不虚。”这里告诉大家，般若波罗蜜多是大神咒、大明咒“受持身是光明幢，受持心是神通藏”，也就是说你的身是光明身，般若波罗蜜多咒是大明咒，修般若波罗蜜多咒可以让你一体透明，金光照身，全体透明，神态圆满。上面讲是大明咒，它还是大神咒，心是神通幢，心比身大，心藏天地，天地在我心，这颗心变得没有边界了，也就是说没有我与非我的边界了，一个念想你就出去了。所以，它“是大明咒，是大神咒，是无上咒，是无等等咒，能除一切苦，真实不虚”。

“故说般若波罗蜜多咒，即说咒曰：揭谛揭谛，波罗揭谛，波罗僧揭谛，菩提萨婆诃。”这是告诉你怎样由欲界（凡人的世界）进入到色界，领会修行的乐趣；怎样由色界进入到无色界，进入空相；到了我们空相之后，怎样涅槃，涅槃是证道了。

所以，受持观世音菩萨的经书，能够做到《陀罗尼经》观音发愿偈讲的“受持身是光明幢，受持心是神通藏”。第一，“受持身是光明幢”是大明咒，六字大明咒，观世音菩萨是光明菩萨，能带给你光明。第二，具备威神之力，“受持心是神通幢”，修观世音菩萨的经书，比如修《陀罗尼经》《大悲咒》《心经》等，会得到大神通，具有威神之力。第三，观世音菩萨是施无畏者，修持观世音菩萨经书不会感到害怕，“心无挂碍，无挂碍故，无有恐怖”。在《普门品》叫观世音菩萨是施无畏者，尤其是中医讲的寸口脉动而弱，弱则为悸，动则为惊，这些心阳虚的人容易害怕，通过修行《心经》，能够由欲界到色界到无色界，乃至于涅槃。

修行一个最简单的办法是你就跟着经书走。打坐时，你就在脑海里背《心经》，“观自在菩萨”，我就是菩萨，一道天光照下来，眼前就是观世音菩萨照着你。“行深般若波罗蜜时，照见五蕴皆空”，可以是你的性光照见五蕴皆空，也可以是天光，这在《黄帝内经》有讲述。尤其是信观世音菩萨，菩萨出现的时候，一道天光照着你，一体通明站在你面前，光从你的百会或者印堂（祖窍）照进去。然后就会看到“色不异空，空不异色”，会看到各种异象，花雨满天、七彩光芒等。然后会进入空相，空相之后就“无受想行识，无眼耳鼻舌身意，无色声香味触法，无眼界，乃至无意识界，无无明，亦无无明尽”，视之不见，听之不闻。最后做到涅槃。最核心的一条是告诉你“心无挂碍，无挂碍故，无有恐怖，远离颠倒梦想，究竟涅槃”。什么叫作无挂碍？有智有得也是一种挂碍啊，你老想神通，你觉得修了神通，我可以呀，我牛极了，这就是一个挂碍；执着于法，也是一个挂碍；执着于色，也是挂碍。我们要无心应物，缘化万有，缘起缘灭，让它自然寂灭，你就没有恐怖，远离颠倒梦想，究竟涅槃，最后证道。

第三讲　认识世界

在进入正题之前，给大家介绍一下我们人类认识世界有哪些方法。人类认识世界主要有三种方法：一种是科学，一种是艺术，一种是宗教，各自有各自的特点。

大概在我们的春秋时期，诸子百家兴起，中国文化得到了很大的发展。我们东方文明的根源，来自于易学，又叫作《周易》《连山易》《归藏易》。《周易》传承下来了，分为《易经》《易传》《易图》。《易图》早期遗失了，后代尤其是宋代的陈抟补充了很多，直接导致了宋明理学的兴起。在春秋时期，诞生了一位很重要的人物，就是我们的老子。老子写了一本很薄的书，五千多个字，叫作《道德经》，代表了东方象思维一个很高的高度。

以东方象思维为基础，发展出整个东方的文明。我们东方文明分理气象数，在理与象的问题上，东方文明侧重于象。虽然也有理，但是东方文明的理与西方科学讲的理有显著区别。《易图》是个象，八卦是个象，《黄帝内经·阴阳应象大论》直接讲如何识别阴阳的象。所以，易学、中医是取象的，是象思维的。围棋阴阳和合妙无穷，黑子白子四个角是一年四季，中央那个点叫作天元，棋盘上九个加黑的点叫作九宫，361 个点在围棋棋盘上叫作一年 361 天，加上四个角代表润的四天，总共三百六十五天。围棋有很多种说法，也是一个象思维。还有东方的绘画，我们中国画追求情景交融，追求平远、深远、高远，如果很教条地去看中国画，就会发现很多比例是不吻合的。而且中国画与西方画的焦点透视不一样，它是散点透视，在图上看不到明显的焦点。再比如我们的文字与书法，汉字是象形文字，山就像一座山，水就像水在地上流；我们的诗词就是一幅画，“锄禾日当午，汗滴禾下土”，农民在种地，中午照着大太阳，汗水那么多，背唐诗背的就是一幅画呀，这些都是我们东方象思维的集中体现。

在与老子几乎同时代，西方的爱琴海文明，也诞生了一个伟人，叫作亚里士多德。他奠定了一个学科，叫逻辑学。逻辑学也就是后世讲的形式逻辑学，讲概念、判断、推理。逻辑学的范围比较广，还有符号逻辑、机器语言等。我们现在讲的是形式逻辑，传统的逻辑学。把逻辑学的概念、判断、推理应用在各个学科，形成了物理学、数学、化学，由此形成了各个自然学科。大家学数学、学物理都知道，首先下定义，那是一个概念，然后进行判断和推理。学数学学过证明题吧？那个证明题就是一个非常明确的推理过程。

不仅东方人有象思维，西洋人也有象思维，不仅西洋人有逻辑思维，东方人也有逻辑思维，我们古代的天文学、数学也是依赖于逻辑思维。但是，我们东方文明以象思维为一个很重要的特征，而西方文明，在亚里士多德奠定了逻辑学这门学科之后，科学得以在西方逐步发展起来。逻辑思维的概念、判断、推理，概念是科学的概念，我们象思维的概念，很多是生活概念，比如我们讲的火，什么叫火啊？上火了，你身上在燃烧啊。身上的上火与厨房里的火有什么区别吗？这个火是生活概念，我们中医的很多名词，都源自于生活。科学概念与生活概念不一样，科学概念需要在生活概念的基础上进一步提炼，找出本质特征。而我们中医学的很多概念没有由生活概念上升到科学概念，比如，气的概念很广，生气了、气机不通畅、元气、天地之气、地上冒的水蒸气，这些都叫气。你看，这些很多是基于生活概念，没有进行科学的凝练，没有走逻辑思维的道路。

那么，是不是象思维就低于逻辑思维呢？不见得。东方文明领先西方文明两千年，在过去两千年我们一直都是领先的啊，象思维的特点是可以做出定性的判断。象思维本质是类比和联想，虽然象思维的结果具有或然性，但是能够快速地做出定性的判断。很多时候，我们不需要做出定量的判断。举个例子，曲线下面积，我们看一下两个国家的海岸线，就知道这个国家大，那个国家小。大多少小多少，准确的数字我不需要知道，这个时候象思维是很先进的。所以，我们东方文明很长时间领先于西方文明。

但是，随着西方的文艺复兴、工业革命，推动了科技的发展，科技越发展越需要做出定量的判断。在做出定量判断的时候，象思维与逻辑思维相比，就差远了。比如，卫星要上天、火箭要升空，这个时候它的推动力、它的发射窗口必须是定量的。有的时候，卫星发射的窗口只有半个小时，就那半小时之内云开雾散，卫星上天，我们象思维做定量判断的时候，是很困难的。此时以逻辑思维为基础的自然科学，表现出了强大之处。牛顿搞了一个学科叫微积分，是数学的一个分支，就能够很好地评判曲线下面积。象思维可以知道这个国家大那个国家小，但是微积分可以精确到这个国家比那个国家大13.8745%，这个精确数字象思维是得不到的。大家说这么精确有意义吗？有啊，如果两个人进行交易的时候，1%是一块钱，13.8745%就不重要，如果百分之一是一万亿，13.8745%差一点，就差很多了。这就像卫星上天一样，飞行的距离这么远，差一点就差很多了，就进不了卫星的轨道。所以当要做出精确判断的时候，逻辑思维的优点就显示出来了。当科技高度发展、社会文明高度发展的时候，就更需要精确，此时象思维的缺点就暴露出来了。

我们讲第二个例子，就是图片的识别。比如人脸的识别，张三李四王五，你看一眼就能记下他，尤其是两个人相亲时吃饭、聊天、谈恋爱之后，这个没有问题。你觉得机器做不到，过去是做不到，但是随着计算机的发展，计算机的人脸识别技术在进步。比如，你觉得看人很准，其实看人比你准的是海关，海关需要快速判断一个人是不是护照上的这个人。那么海关是怎么判断的呢？海关是根据人脸的参数来判断的，根据提取人面部特征的基本参数来判断是不是一个人。海关并不快，计算机更快，计算机可以快速在地球上寻找到一个人，这就是计算机的人脸识别。再比如计算机的深度学习，当人工智能战胜国际象棋选手的时候，中医科学院有人认为战胜国际象棋可以，但围棋不可战胜，围棋是象思维，阴阳和合妙无穷。但是20年后，计算机阿尔法狗战胜了围棋选手。大家会说20年这么久，太久了。是的，第一局棋计算机输了，但随后它进行了深度学习，第二局棋就赢了，而且现在计算机阿尔法狗下围棋的能力与人类已经拉开了很大的距离，并且阿尔法元诞生了，我们的团队最近研究的是计算机人脸识别和深度学习。

如果把逻辑思维和象思维有机的整合起来，才是真正的中西汇通。今年的诺贝尔生理学与医学奖与生物节律有关。有些中医人可高兴了，《黄帝内经》就讲“天人相应”，你看西医现在还研究，还得了诺贝尔奖，西医水平太低了，中医领先几千年，这在中医看来都不叫事儿。可是你知不知道，西方人很早就知道生物节律，他们获得诺贝尔奖不是因为知道生物节律，而是因为揭示了生物节律背后的科学规律，运用逻辑思维深刻地解释了生物节律背后的科学规律，这不是《黄帝内经》记载的，《黄帝内经》记载不了其背后的分子生物学机制。中国人尤其是中医人在很多时候非常自大，我们说中医有五千年的历史，实际上中医的典籍起于《黄帝内经》，而《黄帝内经》成书于西汉，也就是中医有文字记载的历史是两千到三千年，而世界的传统医学最长可以追溯到七千年前，当然不是在中国。不是说中医不好，而是我们要以更广泛的视角去看待问题，更多地接触西方文明，这样才能知道世界究竟有多大。

上面的图是我们的世界文化遗产汉代三绝，是汉代遗留下来的建筑。

相同的年代，这四张图是诸神之庙，供奉古希腊的神，也是世界文化遗产。对比图片上的游人，柱子之大，一个人抱不住啊。我站在那往上抬头的时候，哎呀看不见天，柱子太高了，人在下面站着像蚂蚁一样。神庙顶部的中间留了一个大洞（上帝之眼），阳光从中照进来。雨不就也进来了吗？照片用广角拍摄，感觉地面是斜的，其实现场看觉得地面是平的。实际上在上帝之眼的下面，地是凹陷下去的，雨水就流进去了，利用视差让你觉得地是平的。古人搭建的这个建筑，经过了严格的逻辑思维计算。这两个建筑都大概在张仲景的时代，一个是我们汉代的，一个是西方的诸神之庙，都有两千多年的历史。大家可以去思考，西方文明是不是就这么落后，是不是需要重新看待西方文明。

科学与艺术之间的关系是明理和取象，象思维是取象，而科学需要明理。逻辑思维发展出了自然科学，当自然科学还不是高度发达的时候，或者当人类的文明还不需要精确定量的时候，象思维的快速定性、联想类比等优点表现得淋漓尽致。但是我们知道取象的象思维，缺少严格的逻辑思维的推理。所以，中医人坐下来讨论学术，刚开始都很友好，最后有的时候都骂街了，然后不往来了，谁也不服谁，满街都是大师，各个都很牛，这就经常出现鸡同鸭讲，这是因为缺少严格的逻辑思维推理导致的。我们小学、初中、高中都学过数学，有很多证明题，很容易证明是对还是错。

我们认识世界还有第三种方式，除了逻辑思维、象思维还有灵感思维，灵感思维主要是宗教。宗教灵感思维的基本方法不是明理，不是取象，而是感通——感而遂通。宗教需要存想，在存想的时候达到天人相应、人神沟通。比如佛家要认识到自己的般若，般若就是智慧，就是灵性，就是元神。通过存想或者冥想，实现灵感思维，或者说感通。

今天，象思维的很多成果已经可以用逻辑思维来研究和证实。比如计算机的深度学习（人工智能）、微积分、人脸识别，都可以用逻辑思维来研究象思维。比如中医的色诊，我们利用数码技术进行图像识别，来进行色诊的诊断。很多时候，它的准确度与定量是我们肉眼色诊做不到的。包含看相，面相本质是表形，面部的很多相貌的特征由基因控制。所以有遗传，爸妈长啥样，子女更容易长啥样。面相的背后就有基因，所以相有诸内必形之外，形之外是相，有诸内是背后的科学规律，也就是逻辑思维，也就是说，象思维的背后是逻辑思维。当我们只需要考虑外部输出，象思维就非常敏感；当我们要考虑内部的逻辑关系，依赖于逻辑思维，依赖于科学。我们不揭开锅盖，只是从外部去看，象思维很有优点，如果要揭开锅盖，去考虑里面的线路串联、并联，则需要逻辑思维。还有就是灵感思维，就是不揭开锅盖，都可以知道里面的线路，哪根线是串联，哪根线是并联。我不用两眼看，用第三只眼睛看，这就涉及宗教的问题了。大家看佛菩萨的造相，眉心点一点，那是他的第三只眼睛。

宗教的东西与灵感思维，现在也能用逻辑思维去研究。西方兴起了一门新的学科，叫科学神学，研究神学的科学机制。其实，这个学科很早就有人研究，代表人物是牛顿。牛顿就研究神学，但是那个时候的自然科学还不高度发达，所以牛顿没有做出成绩。今天的科学已经可以逐步解释幻觉是怎么形成的，比如你说看到了神，哪些大脑皮层核团的活动可以让你形成幻觉。比如灵魂出窍，灵魂出窍的机制是什么？当我们在濒死的时候，大脑缺血，大脑皮层受到抑制，皮层下哪些核团还在兴奋，此时候你会产生灵魂出窍的感觉。再比如松果体，松果体在人体究竟是什么功能？它分泌的5－羟色胺褪黑激素对人类究竟有什么影响？它怎么就感知到了光线的变化？光线通过视网膜然后活化视交叉，而视交叉上核一方面控制下丘垂体靶腺组，一方面控制松果体，另一方面它的信号传递到视中枢，这些就和宗教很有关系。宗教背后的科学机制是什么？这是一个新的学科——科学神学。我们的神学尤其是哲学，哲学与神学还不完全一样，有人认为神学归于哲学的范畴。过去哲学靠思辨，因为哲学高于科学，哲学是指导科学的，所以哲学主要靠哲学家的思辨。科技发展到今天，哲学的很多命题不是靠思辨来解决，而是靠自然科学，用自然科学来证实它，这个可能很多人都想不到。也就是说，逻辑思维、象思维、灵感思维，或者科学、艺术、宗教，或者明理、取象、感通，三者之间有关系。

一个真正聪明的人，为什么学习能力很强，能够精通各个学科？他培养自己的学习能力，就要培养自己的逻辑思维和象思维。学中医可以锻炼象思维，让你变得很聪慧，但是也可以让你不着边际，无限制地漫天思绪。你还得学逻辑思维，不要开口就是我这是天人之学，你们都不懂。天人之学你懂多少啊？如果对宗教一点不懂，最好别谈天人之学，老老实实地再学一点逻辑思维。把象思维和逻辑思维打通，也就是中西汇通。

当打通象思维和逻辑思维的时候，还可以去研究灵感思维。这就是由世间法到世外法，也就是由科学走向艺术，由艺术走向宗教；由明理走向取象，由取象走向感通；由身到心到灵，科学研究身体，艺术到心，宗教到灵。首先是身体的满足，要吃饭要睡觉，然后是精神的满足，最后是灵魂的解脱。由身到心到灵，由明理到取象到感通，由科学到艺术到宗教，由逻辑思维到象思维到灵感思维，你对世界的认识不断地升华。到了这一步，再谈天人之学。作为一个东方人，如果对佛教和道教完全不懂，谈不上天人之学。你说我懂《黄帝内经》，道藏就收录了《黄帝内经》，《黄帝内经》是道藏的一本书。《黄帝内经》里有很多天人之学的知识，讲了很多修行的内容，讲了很多符，讲了很多咒，这些你根本就不懂，完全读不出来。《伤寒论》和《金匮要略》里面也有很多法术的体系，你视而不见。所以，不要讲读过《黄帝内经》，读过《伤寒论》，就懂天人之学。你说佛教我懂，我看过《心经》《金刚经》，其实你还没找到佛教的门，就像不能说读过《黄帝内经》就把中医学完了。所以啊，我们要谦虚一点，一层一层地深入，最后才能够真正学好天人之学，做到人天混成，才能真正深刻的认识生命，认识世界。

逻辑思维和象思维怎么训练？有诸内必行诸外，行诸外——取象就是象思维；有诸内——背后的机理就是逻辑思维。大家去听我们太湖学院学士班望诊的课，很多内容都给大家讲了望到的象背后的机理是什么。比如舌质紫暗，为什么舌质会紫暗？舌下的毛细血管网的颜色，由其含有的血红蛋白呈色，血红蛋白携带氧之后是红色，加上上面一层舌质黏膜，正常的舌象就是淡红色。如果毛细血管网里的血液瘀滞，血液黏稠度增加，导致去氧血红蛋白增加，也就是静脉血增加，此时看到的就是青紫舌。如果毛细血管网增生加上高动力循环，血液流速增加，舌质就可以变得很红，中医讲有热。我们要研究各种舌象背后的机制是什么。比如舌下结节，我们说和尿酸有关，尿酸到多少水平才有敏感度，才有特异度？再比如青紫舌，究竟青紫舌中三原色的比例是怎么构成的，红色比上蓝色在怎样的比值可以进行更准确的判断。这些都是逻辑思维。逻辑思维是象思维的有诸内，而象思维是逻辑思维的形诸外。

如何训练灵感思维呢？学习《心经通解》就是一个路径。我们博士后班的《心经通解》，作为一门文化课，告诉我们《心经》在讲什么，如何通过《心经》慢慢地训练自己的灵感思维。这不仅需要认真地听课，而且还需要实修。你要去训练自己，要去打坐，要去实修，就可以培养很强烈的灵感思维，我们太湖学院的课程都有相关的内容。

再比如太湖学士班的脉学课程。我们把二十八脉凝练为最具有代表性的十二种脉，并且告诉你这十二种脉象背后的机理是什么。为什么会摸到一个沉脉？脉沉、迟、微之间是什么关系？为什么这个老中医告诉你脉沉，那个人告诉你脉迟，另一个告诉你脉微？因为都是肾上腺素水平降低，肾上腺素能够增强心率，低了脉就没有力气；肾上腺素能够提高心率，低了心率就慢；肾上腺素能够使体表的脉更表浅，低了脉就沉，所以，一个机理可以同时出现沉迟微。你跟老中医学习，这个人告诉你脉沉而无力，那个告诉你是个微脉，没有力气，还有一个告诉你脉跳得慢。其实，说的都是一件事情，知道了象后面的机理，有诸内必形诸外，你既会外面取象，又会里面明理，这个时候你的思维既灵活又有深度。什么叫作灵活？灵活是思维的广度，这是象思维的特点，很跳跃。什么叫作深度？这是逻辑思维的特点。你既有广度，又有深度，我们的思维才是立体。还差一点，深度和广度之间需要灵感思维，把看似没有关联的东西联系起来，你就可以交织出一张立体的图画，你看待问题就和常人不同，你学习起来很简单。天下学问相通，关键是看你能不能打通。

好，接下来我们就分成五个段落给大家讲如何“观自在菩萨”，“观”之后出现种种的异相，就是种种的神通，如何看待这些异相（神通）？色即是空。既然色即是空，那么我们的佛法又是什么？诸法空相，由于诸法空相，最后才能究竟涅槃。这个过程中有什么？般若蜜多，有咒语加持。

第一个是观自在菩萨，讲如何修行；

第二是色即是空，讲修行得到的诸般神通是什么；

第三既然色即是空，诸法空相，所以他没有神明；

第四由于没有神明，究竟涅槃；

第五在这期间你会得到波罗蜜咒的加持。

这是我们要讲的《心经》的五个重要部分。

观自在菩萨第一

观自在菩萨，行深般若波罗蜜多时，照见五蕴皆空，度一切苦厄。

“观自在菩萨”，“观”是看的意思。怎么看呢？三分观天下，七分观自在。大家注意看佛造像，很美，都是三分眼，也就是返观内照。

下一句说的“照见五蕴皆空”，即是返观内照。返到哪里？祖窍穴，性光在。《西游记》斜月三星洞，方寸灵台山，说的就是这里。

第一讲

“观自在菩萨”，这个“观”说的是什么？中国有个词叫作“观念”，但是“观”与“念”不同，“观”是指观看，“念”是指念想。观看，就像看电影一样看这个世界，自己游离于世界之外，周围的万事万物就像电影一样在播放，自己游离于三界五行之外，这是无我的。而“念”是“想”，念是“我执”，有后天的意识在。

《心经》叫“观”，不叫“念”，一念生我执。如果一旦有念想，这个世界就因你而变。比如别人给你讲事情，你像看电影一样在那听着，这是无我的状态，如果你对这件事有了想法，那是有我的状态。

这就引出了第二个字的问题，“自”是什么？自就是“我”，连起来叫“自我”。但是“自”和“我”还不一样，“我”是第一人称，我怎么样、我怎么样……这是有我，叫作“我执”。而“自”是“无我”，所以“自”不单独作为人称使用。“你自己想一想”“你自己决定”，前面要加一个人称代词。所以，“观自在菩萨”，不讲观我，不讲观我是菩萨。

后面讲“在”，“在”与“是”也是不一样的意思。“自”是“我”，是无“我”之“我”；“观”就是“念”，是无“念”之“念”。你可以看到《心经》用词非常讲究，“观自在菩萨”，“在”就是“是”，我就是菩萨。“是”是什么？“是”是不“是”之“是”，“在”和“是”的意思不完全一样，“在”或不“在”，世界都这样。

“观自在菩萨”是说什么？第一，佛教认为众生皆具如来相，就是每个人都能成佛，“我”就是如来，这是佛教里面一个基本的观念。但是呢，既然众生皆具如来相，为什么众生又那么痛苦。原因是什么？原因是“无明”。下一句就要讲“无明”，讲“照见五蕴皆空”。虽然众生都具如来相，但是因为“无明”，所以就陷入轮回之中，接受无尽的痛苦，因此要“观自在菩萨”。用什么来“观”，用“照”。用什么“照”？用光。每个宗教都讲光，跟着光走，那是基督教。佛教也是如此，基督教耶稣相背后有背光，佛教的佛菩萨像也有背光，用光照的自己五体通明，“照见五蕴皆空”。

“观自在菩萨”与“照见五蕴皆空”是在说一件事的两个方面。光从哪里来？这个光，就是道家讲的“性光”。当你一念不染的时候，突然之间，一轮光华如红日出海，那就是你的“性光”，你先天的元神，用它来“观自在菩萨”。

怎么才能够观自在菩萨呢？你要“行深般若波罗蜜多时”。“行”就是“禅”，“深”就是“定”。当已经禅定了以后，一念不染，所以“观”不是“念”。当一念不染的时候，你的“性光”出现，就是一轮白光突然之间出现了，所谓“红炉白雪满天飞”，“性光”道家也称为“白雪”。这个时候“照见五蕴皆空”，自己通透，佛家讲是“通透”。自己全身通透，通透之后就无我。无我之后看到的是什么？看到的是“自在菩萨”。

“观自在菩萨，行深般若波罗蜜多时，照见五蕴皆空”，你把这句话颠倒来念“行深般若波罗蜜多时，照见五蕴皆空”“观自在菩萨”。为什么颠过来呢？因为只有“观”，你才能做到“行深般若波罗蜜多时”，也就是说通过你的“观”来做到一念不染，然后性光出现，然后“照见五蕴皆空”，就是做到佛家讲的通透，然后是“自在菩萨”，这是讲的佛家修行的一个过程。佛家与道家修行的下手方法不一样，一个从“性”入手，一个从“命”入手，但最后达到的结果是一样的。

“舍利子，色不异空，空不异色”。这里要给大家讲就是当你“行深般若波罗蜜多时”，你禅定之后，出现七禅八定，在佛家分得很细，就会出现种种的异相。你会发现身体的冷热酸胀，会出现各种光芒。这些禅定的相你不能“念”，如果一“念”生，你就会掉禅，所以《心经》说：第一，“观”；第二，“舍利子，色不异空，空不异色，色即是空，空即是色”。这个“色”就是你在打坐的时候，出现的种种的色相。忽然之间，天上一道光芒，性光出现，出现白雪纷飞，等等。这种种相的出现，你要记住“观自在菩萨”“照见五蕴皆空”，也就是《心经》讲的“色即是空，空即是色”，不能够有我执，“自”不能有“我”，“观”不能有“念”。

“是”对应的一个词是“非”，他不讲观自是菩萨，他不讲念我是菩萨，他讲“观自在菩萨”。其实没有“是”哪有“非”，没有“非”哪有“是”。佛教讲的是什么呢？法非法，非非法，是名法。有是非就有分别，没有是非则无分别心。

第二讲

“照见五蕴皆空”，五蕴指的什么？“五蕴”指的“色受想行识”。色是指外界——外面的世界。“受想行识”，受是接受，思想及其五官去感知外面的世界，叫作“受”。想是联想、想象，五官接受了外界的世界，就是我们的触觉、我们的味觉、我们的嗅觉、我们的听觉、我们的视觉，这些五官感知了外面的世界。然后“受”之后就是“想”——思考、联想。行，行者动也。识就是认识，认识就是分别。自己的主观的意识活动是“受想行识”，而外界的是“色”，加起来叫“五蕴”。

所谓“照见五蕴皆空”是什么呢？外面的世界没有了，而自我也没有了，就像一个人漂浮在云端，悬浮在半空之中，就是佛家讲的通透。通透之后，你就能够“度一切苦厄”。怎么能够“度一切苦厄”呢？为什么你通透之后，就能够“度一切苦厄”呢？《黄帝内经·素问·六微旨大论》云：“无形无患，此之谓也。”《六微旨大论》在讲什么？最后在讲真人。“有不生化乎”就是问没有生长化收藏的人存在吗？“岐伯曰：悉乎哉问也！与道合同，惟真人也。”只有真人才能不生化，没有生长化收藏，如果是一个活着的凡人，都有生长化收藏。因为有生长化收藏，有生则有死。老子怎么说？老子说："天地之所以长且久者，以其不自生，故能长生。"天地为什么能够长久地存在？因为它自己没有生化，所以它能够长生，也就没有死。真人没有生化也就是没有气化，一个凡人如果没有气化，他是死人啊。人没有气化，他的形体是不能保存下来的，肉身要坏掉的。《黄帝内经·素问·六微旨大论》又说："无形无患，此之谓也。"真人没有形，也就是《心经》讲的"照见五蕴皆空"，佛家讲的通透。

通透之后，无形无患。无形无患，他不生化，他就能够"度一切苦厄"。这"一切苦厄"，就是我们讲的肉体的痛苦和精神的痛苦。没有"受想行识"——没有精神的痛苦，没有"色"——没有形、没有肉体的痛苦，故能够"度一切苦厄"。换言之，如要想长生，必须解决形气神三者的问题。神——"受想行识"，气——生长化收藏，形——就是你的躯壳。你要解决形气神的问题，就要通透。气，我们在静坐的时候，代谢水平急剧降低，心率很慢，呼吸很匀、很深、很细、很缓乃至胎息，这是解决气的问题。然后就是形，形通透，没有"我"了。只有真正解决形气神三端，才能够解决"度一切苦厄"或者道家讲的"真人"的问题。

不过，道家与佛家入手的方法不一样，道家是从形开始入手，炼精化气，炼气化神，炼神返虚，粉碎虚空，羽化飞升。而佛家是从神开始，明心见性，但是，结果都是一样的。性与命的问题，其实就是形与神的问题，中间隔着一个气，就是所谓的生化。

《六微旨大论》讲的生化，也就是我们中医讲的气化，气的运动变化发生生长化收藏、生长壮老已。记住！有生则有已。你只要有生化，就要经历生长壮老已这么一个闭环。所以，要想长生先学短死，“天地之所以长且久者，以其不自生，故能长生”，这是老子讲的话，和《黄帝内经》讲的“有不生化乎”是一样的，和佛家讲的“照见五蕴皆空”也是一样的。

“五蕴皆空”，“色蕴”讲的什么呢？讲的形，我们自己的形和宇宙的形，就是肉眼看得见的东西。“受想行识”讲的什么？神，只不过说佛家、道家入手的方法不一样。佛家要求“行深般若波罗蜜多时”，就是要禅定，深深地禅定，而且要长时间地禅定。这个时候，性光出现。而道家讲什么呢？要内证，要炼内丹，先炼精化气、炼气化神，他是这么一条道路的。一个从先天的祖窍开始入手，一个从下面的命门开始入手。所以，“形”可以炼“神”，道家从形开始，最后可以炼自己的元神。人是一个整体，前曰“广明”，后曰“太冲”，两侧叫“显明”，左青龙，右白虎。人就好比一座宅子，一座神的宅子。神住在人的身上，如果宅子不好了，神待不住；如果神待不住，宅子也好不了。所以，你可以由不同的方法下手，但最终都是元神出窍，离开我们的肉身。不光是要离开我们的肉身，还要离开我们的这个世界，粉碎虚空。

这就是《心经》的第一句话“观自在菩萨，行深般若波罗蜜多时，照见五蕴皆空，度一切苦厄”，大概的意思。后面就开始讲“空”和“色”的关系，也很复杂，很有意思。

形气神之间的关系是怎么样的呢？两精相搏谓之神。男女之精，两精相搏、受精。一旦受精以后，就开始启动底层代码，神就有了。这个时候，还没有意识，这是先天之神，就是我们DNA控制的底层代码。细胞开始分裂、增殖，由单细胞到多细胞，由像一条鱼到像一只猴子，到成为一个人，把整个生物进化的过程重演一遍。这是底层代码所控制的，这就是属于神的范畴。后天之神从哪里才开始有？必须要两套染色体合二为一，才能够启动底层代码，才开始有神，细胞开始分裂、增殖，从生命最初的本源开始，一直到发育成一个人，重演整个生物演化的过程。而这个过程，起自于两精相搏，两精相搏合二为一才有了神。而道家则从形开始修，修形的是什么？修的是精。精气神、形气神，精属于形的范畴、形质的范畴。直接从精开始，“斩赤龙，断白虎，炼精化气，炼气化神”。

其实要说长生，每个人都能长生，每个人的身上都有长生不死的东西，那就是生殖细胞——精子和卵子。精子和卵子受精，发育成一个个体，又产生精子和卵子，再受精，再发育成一个个体……它永远在延续。精子和卵子，我们的生殖细胞，就是不死的，就是长生不死的。但是，无论精子、卵子，它只是让你的一半长生，因为你这套染色体，只能够遗传一半，必须两精相搏，来延续它的生命。而我们要希望通过修炼，让肉身长生，不再让肉身受轮回之苦。然而事实上，我们的精子、卵子，他其实就是在长生，永远不死。一旦受精，永不死去。因为一旦受精以后，精卵结合，发育一个个体，又产生精子和卵子。而且可悲的是，精子一旦与卵子受精，整个精子就被降解了，只保留他的DNA，而卵子提供最初的营养，就是细胞的分裂、增殖，需要气化。气化的物质基础——营养，是由卵子来提供，而精子仅仅提供他的DNA，完成“两精相搏谓之神”这个过程，整个精子就被降解了，产生的新的个体，又在延续生命。

第三讲

今天我们还是围绕第一句话“观自在菩萨，行深般若波罗蜜多时，照见五蕴皆空，度一切苦厄”，讲四个问题，第一是“观”，第二是“定”，第三是“照”，第四是“空”。“观、定、照、空”，这是佛家修行的四个步骤。

第一是“观”，我们讲“观”与“念”，观就是在旁边看。你在那里反观的时候，会诸念丛生，会有各种各种的念头，就让这些念头缘灭缘起。你自己就像一个旁观者一样，看着这些念头缘起缘灭，缘灭缘起，最后一念不生，这是“观”与“念”的区别。你在打坐的时候，看诸念丛生、缘起缘灭，不要去参与它，就让这些念头自然地发生消失、发生消失，慢慢地你就会一念不生，也就是后文讲的“无意识界”。

只有你“观”，才能做到一念不生“无意识界”，只有做到了“无意识界”，才能做到《心经》讲的“行深般若波罗蜜多时”，就是“定”。“般若”指的是智慧，“波罗”指的是彼岸，“蜜多”就像蜜蜂采蜜一样，全部汇集在一起，整个人到达彼岸。佛家讲回头是岸，讲的就是彼岸。我们就像在海里坐在船上一样，到不了彼岸，来回地轮回。如何才能到达彼岸？利用我们的智慧到达彼岸。智慧指的是什么？智慧就是指我们的“性”，我们的元神，我们的元神到达彼岸。我们在哪里？我们在海里，什么海？苦海。苦海是什么？就是我们的四维时空，在这里轮回。我们要脱离苦海，就是要脱离四维时空的轮回，让我们的“般若”（智慧、元神）到达彼岸，到达四维时空之外。

先是讲“观”，通过“观”一念不生，到达“无意识界”的时候就可“定”，定在哪里？定在时空之外。“观”“定”之后就“照”。“定”了之后，意识没有了，识神没有了，元神就出来了，元神出来就看到了光，我们讲的“性光”。用我们的“性光”“照见五蕴皆空”。“五蕴”，“色蕴”指外界、外面的世界，“受”接受、感官，“想”意识，“行”行为，“识”识别、区别，都是空的，就是我们的肉身和精神都是空的。

后面讲“不垢不净”，当你“照见五蕴皆空”的时候，你就通透了，你整个人都已经通透了。通透了之后，第一“不垢不净”，没有污垢也没有干净。为什么呢？“菩提本无树，明镜亦非台，本来无一物，何处惹尘埃”，肉身都不存在了，哪还有什么肮脏与干净。“无无明，亦无无明尽”，所谓“无无明”，“无明”就是黑暗，佛家不讲黑暗，他认为黑暗是没有光，叫作“无明”。整个人都已经通透了，就没有“无明”，也没有“无明”消失的地方。因为没有黑暗，也就没有光明，所以叫“无无明，亦无无明尽”，“不垢不净”就是解释“照见五蕴皆空”。

“照见五蕴皆空”的时候，就“度一切苦厄”。什么叫“度一切苦厄”呢？前面讲了“乃至无老死，亦无老死尽，无苦集灭道”。为什么“无老死，亦无老死尽”呢？这里讲的是当你通透了以后，后面讲的“不生不灭”。《道德经》讲过“天地之所以长且久者，以其不自生，故能长生”。有生就有灭，有生化，有生长化收藏，就有生长壮老已，这是我们讲的生化（气化），所以，有生就有灭，就有老死。为什么“亦无老死尽”呢？“无形无患”，这是《黄帝内经·六微旨大论》讲的。生化讲的是气化，形气神有气化。“有不生化乎？”“惟真人也”，真人就没有生化，没有生长化收藏，就没有生长壮老已，就没有老死。因为没有生，就没有灭，这是气化没有了。

第二个是什么呢？形质没有了，无形无患。怎么样做到《黄帝内经》讲的“无形无患”呢？“照见五蕴皆空”，一体透明。前面的“观”，讲的是什么呢？就像看电影一样，让这些念头缘起缘灭。缘起缘灭之后，就会出现后文讲的一念不生，一念不生之后就无眼耳鼻舌身意，六根没有了；无色声香味触法，六尘没有了；乃至无意识界，后天的识神没有了；最后我们的元神出来了，我们的性光出来了。“是故空中无色”，色相没有了，色蕴没有了。“无受想行识”，受蕴、想蕴、行蕴、识蕴没有了，五蕴皆空了，所以“空中无色，无受想行识”，五蕴没有了。然后“无眼耳鼻舌身意”，就是没有眼耳鼻舌身意——六根。“无色声香味触法”就是无色声香味触法——六尘。六根、六尘都没有的时候“无眼界”，眼睛看不到东西了，后天的光没有了。然后“无意识界”，后天的识神没有了，眼睛看不见光，识神没有了，这时候元神出来了，性光出来了，也就是道家讲的“红炉白雪满天飞”。

“观自在菩萨”，“观”要观到什么样的程度？要观到“空中无色，无受想行识，无眼耳鼻舌身意，无色声香味触法，无眼界，乃至无意识界”。只有这样你才能够定，就是“行深波若波罗蜜多时”。然后你才能够“照”，怎么“照”？因为你没有眼界，眼睛看不到光了，没有意识界，后天的识神没有了，然后性光出现，元神出现，这个时候你才能够“照”。“照”到什么程度？“照见五蕴皆空”，整个人通透，佛家讲的通透。通透之后会怎么样呢？通透之后，就“不垢不净”，没有垢和净。“菩提本无树，明镜亦非台，本来无一物，何处惹尘埃”，肉身没有了，所以没有垢和净。正因为肉身没有了，你才能“无老死亦无老死尽”。为什么？不生不灭。这个时候已经没有生了，所以才没有灭。不生不灭，那就“乃至无老死亦无老死尽”。“无老死亦无老死尽”以后，“照见五蕴皆空”，就是“无无明亦无无明尽”，已经通透了，没有黑暗，也没有黑暗的尽头，对吧？“照见五蕴皆空”，性光出来了，就“照见五蕴皆空”。什么样才叫五蕴皆空？“无无明亦无明尽”。佛家不讲黑暗，讲的是无明，没有光明，没有尽头。这个时候就通透了，通透了之后就不生不灭，“乃至无老死亦无老死尽”。正因为“无老死亦无老死尽”，然后你就能“度一切苦厄”，就是“无苦集灭道”，度了你的一切苦厄，无苦集灭道。

“无苦集灭道”“度一切苦厄”，才会得到“波若波罗蜜多”。什么叫“般若波罗蜜多”？“般若”就是你的智慧，你的元神；“波罗”，彼岸，到达生命的彼岸，脱离苦海。苦海是什么？轮回。轮回是什么？在我们现有的时空里面轮回，去突破四维时空对我们的局限。

这就是我们讲的第一句，“观自在菩萨行深般若波罗蜜多时，照见五蕴皆空，度一切苦厄”。这一句，主要给我们讲了观、定，照，空，这四者之间的关系如何去实行。所以我们说《心经》本身是佛家修行的一个重要方法，也是佛家练功的秘法，有很多气功的内容在里面，值得我们去深入研究。

佛家讲的“行深般若波罗蜜多时”，“行”在这里指的是“定”，禅定。“深”就是深深地禅定下来。禅定下来最后要做到什么？“般若波罗蜜多”。“般若波罗蜜多”就是你的元神要达到彼岸。因为你现在还是在海里，什么海？苦海。在苦海里轮回，到不了彼岸。苦海是什么东西？就是我们的世界，四维的时空。佛家直接认为这个四维的时空是虚幻的，而道家不一样，道家就专门去研究这个四维时空。道家研究四维时空在《内经》里集中体现在七篇大论，第一就是我们的标本法，标本中气。它是圣人面南而立，坐北朝南，定下了我们的三阴三阳，这就出现了我们的标本法。标本法再配上天干地支，比如《黄帝内经·五运行大论》，里面配上了五行，《六微旨大论》配上了六气。配上天干地支，然后时间就有了。标本法是空间有了，配上天干地支时间就有了，道家或者我们中医的时空观就有了。时间和空间是三维的，道家很巧妙，他把三维的空间转化为二维，就是我们的太极图。因为你要传承下来嘛，变成文字，文字是二维的，他是记载在纸上。太极图有两个：一个陈氏太极图，一个来氏太极图，来氏太极图也是三维投射的二维。

这就是说，佛家和道家在看待时间和空间上是有区别的。佛家直接认为我们现有的时空就是空相，世界是我们想象出来的，心比身体大，人活在自己心中，所以认为这是个空相。而道家是深入去研究这个时空，认为时空可以突破，可以回到过去，回到未来，从这里到那里，日行八万里，穿墙而过。道家研究时空背后的规律，但最终还是要粉碎虚空。我们知道道家炼精化气，炼气化神，炼神返虚，粉碎虚空，羽化之前还是要粉碎虚空。所以可以看到佛家和道家下手的功夫是不一样的，最终得到的结局是一样的。

第四讲

佛家下手的法门是“观”和“照”，“观”是无我的，“照”是用光，用性光，也就是神光。那么道家又怎么解决这个问题呢？道家用的是意守，用意念去守神。

《黄帝内经·上古天真论》：“黄帝曰：余闻上古有真人者，提挈天地，把握阴阳，呼吸精气，独立守神，肌肉若一，故能寿敝天地，无有终时，此其道生。”它的核心是什么呢？它的核心是守神。守神也就是我们后世修炼所讲的意守，所以它和佛家的“观照”有相同、有不同。意守要用意念，而佛家意念都没有，“无眼耳鼻舌身意”。因为佛家第一个就是要无我，所以不用意识，用的是“观照”。“观照”和意守不同，意守是有我的，而“观照”是无我的。那么道家能不能做到无我呢？道家也能，道家的炼精化气，炼气还神，炼神返虚，那个时候就无我，最后粉碎虚空，所以，道家是从有我修炼到无我，跟佛家下手的方法不一样。

《黄帝内经》讲守神，而老子说观复。大家都知道有个观复博物馆，马未都的。观是观什么？复是复什么？《道德经》第十六章讲“致虚极，守静笃。万物并作，吾以观复。夫物芸芸，各复归其根。归根曰静，静曰复命。复命曰常，知常曰明”。“致虚极　守静笃”，虚就是无，到了虚极的时候也就是“空中无色”。“致虚极，守静笃”，就是达到了后边《心经》所讲“空中无色”的状态。“万物并作，吾以观复 ”，就是对天下万物我用观的方法，也就是“观自在菩萨”的“观”，无我。复，复什么？复命，就是回到生命的初始状态。“夫物芸芸，各复归其根”，“夫物芸芸”就是芸芸众生“各复归其根”，回到他的根本。“归根曰静，静曰复命”，观复就是观照复命。所以“复命曰常，知常曰明”，复命回到生命根本的时候他叫作常，常的状态是充满光明，也就是“照见五蕴皆空”，佛家讲的通透。先去观，“观自在菩萨”，然后复，这个时候“照见五蕴皆空”“无无明”，一身通透。那么什么状态下能够做到呢？要“致虚极，守静笃”，也就是“行深般若波罗蜜多时”，这个时候就达到了“致虚极，守静笃”的状态。他的方法是什么？观复。观复本质上就是“观照”，但是他多了一个复。“观”到“照”之间，道家比佛家多了一个复，所以叫观复。当然了，所处的状态都是“致虚极，守静笃”，也就是达到虚极的状态，佛家所讲的“行深般若波罗蜜多时”，这个时候能够达到观复。所谓“知常曰明”是什么？到达生命本源的时候，你是“照见五蕴皆空”，通透，“无无明”，这个时候神光出现。所以他认为能达到生命的初始状态，这个时候神光才会出现，也是我们所讲的性光。

《黄帝内经·本病论》就讲到了神光的两个问题，第一神位失守，就是神不守舍，第二是神光不聚。神位失守就是所谓的“人气不足，天气如虚，人神失守，神光不聚，邪鬼干人，致有夭亡”。如果你神位失守，神光不聚就会“邪鬼干人，致有夭亡”，妖魔鬼怪跳出来，就会看到死人，各种阴间的事物都从地上爬出来，然后导致他发生疾病死亡。我们的肉身、这个皮囊，就是我们神所居住的地方，神不守舍所以夜间就下阴曹、入地府。神光不聚，心神慌乱，才会导致邪鬼干人，所以“人犯五神易位，即神光不圆也”。它说的神光要圆，一个人要得道，他必须神光圆满，满就充满、充盈的意思，神光圆满之人才能够得道。得道在佛家来讲就是圆寂，寂是灭，神光圆满的人他灭了，他走了，涅槃了，涅槃就是圆寂，所以《黄帝内经·本病论》说“此谓得守者生，失守者死。得神者昌，失神者亡”。人要“得守者生，失守者死”，守什么？“得神者昌，失神者亡”，守神。

所以我们说佛家讲“观照”，道家不外乎多了一个步骤，观——复——照，先“观”，“观”以后归根复命，然后是“照”。归根复命才会神光出现，白雪片片，这个时候才能“照”。《道德经》第五十二章“用其光，复归其明”。光明、光明，光是光、明是明，光就是神光，就是一个物之光，明是亮，因为有光所以明。为什么佛家不讲黑暗，讲无明，他就是没有光，没有光才无明，所以你神光圆满，你自然“照见五蕴皆空”“无无明亦无无明尽”。所以老子讲“用其光，复归其明”，就是佛家讲的“照见五蕴皆空”的“照”。

第五讲

《黄帝内经》讲“人生于地，悬命于天”，就是把人与天地去比较。人和天地的关系，就是天覆地载，万物始成。人的上半身法天，属阳；下半法地，属阴，所以“天运当以日光明”。“天运当以日光明”说的是什么？“阳气者，若天与日，失其所则折寿而不彰”，就是讲人的上半身需要阳气，“当以日光明”，这也就是《黄帝内经·天元纪大论》讲的“君火以明，相火以位”。上半身法天，属阳，君火用桂枝。树枝、枝丫，长在天上。而下半身法地，属阴，“相火以位”，用附子。附子是植物的根茎，用附子。

“相火以位”，就是这个相火啊，不能够失其位。我们说水生木、木生火，在《黄帝内经》里面，相火和命火有时分开，有时没分开。水生木、木生火，沿冲脉而上，随冲上下。往上去就是我们的君火，沉下去就是我们的相火，所以相火不能易位，不能妄动。而君火不能不明，君火不明就是心阳虚，心阳不能够不明。

心阳虚，就会发生种种神志疾病。比如说物悬留影，他就有“无明”。有“无明”，就是心有挂碍，有挂碍故，有恐怖。这个时候，需要“君火以明”，要用光，也就是我们讲的“照见五蕴皆空”“无无明”。后面讲的“无无明”，就是“照见五蕴皆空”“无无明”和“不垢不净”，都在后面再讲。

治疗心阳虚用桂枝作为一个主药，温君火，代表性的处方，就是我们的桂枝甘草汤，可以治疗心阳虚导致的种种疾病。这里面就强调了我们上半身法天，属阳。

我们中医讲扶阳，而宗教讲用光。佛教、道教、基督教，都存在着用光，追求光明，他们本质有相似之处。不外乎医学里面的扶阳，医学是世间法，而在佛教、道教和基督教里面的用光，光明，那个是世外法。医学里面讲的扶阳，不外乎是让你度百岁而去，如此而已。而在佛教、道教、基督教里面讲的用光，光明，可能追求的境界不同，他们都是用的性光、元神。医学里面的扶阳，那就是君火和相火的问题，“相火以位”用附子，“君火以明”用桂枝。当然，相火还可以再细分出相火和命火，做一个区分。

尤其是因为什么呢？因为人体的构造，所决定了你这个火啊，分了三阴：太阴、少阴、厥阴。我们说上半身的火，太阴包着少阴，前面胸腺是太阴，对吧？中医讲的大气，两侧肺是太阴，背后至阳穴是太阴，包着中间的心脏，太阴包着少阴。下面的是肚脐眼，外面是小肠，也是太阴包着少阴，这是第一个的问题。

然后从人体整体的构造来讲，前面叫广明，两侧叫显明，背后叫什么？叫太冲。为什么叫太冲？就是这个阳气在那里升降，所以它叫太冲。这个扶阳认为，人的一生就是一团火，所以扶阳学派强调扶阳。严格说来，人不光是一团火。在《道德经》里面讲，负阴而抱阳，不光有火，不光有阳，还有阴。从功能上讲，人就是一团火，而《黄帝内经·阴阳离合论》上讲，人就是一团光，就是阴阳离合所产生的光，也就是显明、广明和太冲。显明由太冲的升降产生广明，人就是一团光。而佛教讲“观自在菩萨，照见五蕴皆空”“无无明，亦无无明尽”“不垢不净”，也就是说，当你“观自在菩萨”，用你的性光照见“五蕴皆空”，一体通明，就没有黑暗。

第六讲

佛家从修性开始，就是修元神，用“观”的办法。就是像看电影一样，雁过不留影，不留痕迹。“观”和“念”不一样，“念”是念想，所以当他“观”的时候，诸般念想缘起缘灭，自然消失。照见“五蕴皆空”，“五蕴”指的是“色受想行识”。

佛家直接从性入手，强调的是无我，而道家则不一样，老子讲“虚其心，实其腹”，他讲虚实。“虚其心”也就是这个观念的问题，道家仍然是强调元神的，但是他在强调元神“虚其心”的同时，还强调了“实其腹”，而不是“五蕴皆空”。为什么要“实其腹”呢？因为道家是从命入手，他首先修的是命。他修命的过程，也就是炼精化气的过程，也就是鼎和炉的问题，他的肚子里面摆放了炼丹炉，男子怀胎笑刹人，就是他在肚子里面结丹，所以他要“实其腹”。

腹部有什么呢？有命门。我们《伤寒论》讲的所谓的三阴递进关系，《黄帝内经》讲得太阴包着少阴，实际上就是小肠包着肚脐眼。肚脐眼就是命门，前面是命门，后面透的是什么呢？后面透我们的脊柱，脊柱也是我们讲的命门。命门有好多种说法，我们讲的阳关穴。那么，这个命门在里面，就是我们讲的“虚其心、实其腹”。这是老子讲的通过“实其腹”，来炼他的鼎，在那里面炼精化气。在“实其腹”之后，再炼气还神，就是打通小周天，气化为神，来修炼他的元神。而佛家是直接从性入手，从元神入手，道家是从命入手，最终都是要修元神。

这个元神在《黄帝内经·本病论》讲的是神光。他认为神光圆满不圆满，跟这个人的疾病和寿命是否夭折、是否会得一些特殊疾病（我们不去讲它）、死亡，有关系。在《黄帝内经·本病论》讲的神光，第一个在不在位，失不失其位，元神不能够到处跑。第二个是圆不圆满，足不足。这叫作神光圆满，神守其位，要不然他就是神失其位，神光不满。当然，他会夭折啊，得其他特殊的、乱七八糟的疾病啊，等等。这是《黄帝内经》对神的认识。

老子讲“虚其心，实其腹”，《黄帝内经·大惑论》讲的是“上气不足，下气有余”，说的是实证，阳明蓄血证。阳明蓄血证，其人喜忘，何以故也？以其人久有瘀血，故喜忘，屎虽硬反易，其色必黑。大便是黑色成形，但是好解。抵当汤下之，不下更服。这是《伤寒论》讲的阳明蓄血抵当汤证。在《黄帝内经·大惑论》讲的是“上气不足，下气有余”“善忘”。什么叫作“善忘”呢？左耳进，右耳出，刚刚发生的事情记不得。这个就与“观自在菩萨”缘起缘灭相似的，不过是一个病理状态而已。

这个所谓的“上气不足”，实际上李东垣有发挥。他认为脾胃内伤，九窍不通。脾胃虚弱，九窍不通，耳朵听不到声音，眼睛看不清楚，当然九窍不通，还包括了大便不好解。而这脾胃内伤，九窍不通他认为是什么原因？“清阳不升，浊阴不降”，就会导致“上气不足，下气有余”。而这个“上气不足，下气有余”是个虚证，上气不足导致的下气有余。而《伤寒论》的下瘀血汤证是个实证，是由于下气有余导致的上气不足。不过它这个呢，它的理论一个来自于《黄帝内经》的《阴阳应象大论》，一个来自于《黄帝内经》的《口问》。《阴阳应象大论》属于《素问》，《口问》属于《灵枢》。“邪之所在，皆为不足。故上气不足，脑为之不满，耳为之苦鸣，头为之苦倾，目为之眩”，这段在讲这个问题。

从“上气不足，下气有余”，“虚其心，实其腹”和“五蕴皆空”，我们可以看到佛家、道家和医家的区别。医家是个世间法，《黄帝内经》的论述多是和治疗疾病的方法。而道家呢，他是从有到无，是从命入手，命就是我们这个肉身。他是通过命的修炼最后到达炼精还神。那么佛家呢，是“五蕴皆空”，他是直接修的性，修元神。当然，医家虽然是世间法，讲肉体的疾病，但也讲形气神的问题，形与神，形神相应。比如说少阴病，“少阴之为病，脉微细，但欲寐也”。他也会有些温补，温肾填精的办法来解决神志的问题；他也会有些补中益气的办法来解决神志的问题，等等。这三家，他们站的角度不同，当然结局也不同。医家讲形，道家讲的是命。医家通过对于形的调整和治疗，最后来做到形神相依，实现神守其位，神光圆满。结局是度百岁而去，最终也是阴阳离绝，神明乃绝，神去形何独居，慢慢就死掉了。那么佛家、道家不一样，他不是只要求度百岁而去。他或从性入手，或从命入手。从命入手，炼精化气，炼气还神，来修他的神，实现神不依赖于形而存在，也就是性不依赖于命而存在，元神可以离开躯体而不涣散。佛家也是这样子的，不过方法不一样，直接修性，就是直接修他的神光，最后涅槃，就走了。

《黄帝内经》说“人生于地，悬命于天，天覆地载，万物所成”。“人生于地”，生于我们下半身的肚子，太阴脾土，脾土抱着少阴肾。“悬命于天”，天是什么呢？我们上半身，太阴肺，肺包着我们的少阴心。天上有什么呢？天上有天剑，天剑就是我们的胸骨，胸骨柄就是剑柄，胸骨就是剑身，剑突就是剑尖。而天剑对命门，剑突直接对着我们的肚脐眼，随时随地可以结束你的神明。所以《黄帝内经》讲“人生于地，悬命于天”。正因为有这个生理结构，所以老子的《道德经》讲“虚其心，实其腹”。通过“实其腹”，也就是炼精化气，最后炼神返虚，以地补天。这就把医家和道家联系起来了。

佛家直接修他的神光。因为佛家认为这个躯壳是个皮囊，可以不要，他可以涅槃。但是道家在修炼之后，他可以做到既可以让元神离开他的躯壳，还可以让元神不离开他的躯壳，这叫道生。道家可以做到道生。这就是《黄帝内经》讲的与天地同寿，道家不光可以是元神离开躯体，粉碎虚空，还可以做到道生，不生不灭。之所以能做到道生，是因为道家是从修命开始的，就是从修形开始，然后修性。而佛家是直接修性，他采取的方式是涅槃，把这个皮囊不要了。这就是他们的区别和共同点。而医家呢，主要是修形，修这个宅子，让神守其位，神光圆满，度百岁而去，这个医家的责任也就尽到了。

第七讲

“观自在菩萨，行深般若波罗蜜多时，照见五蕴皆空，度一切苦厄。”这是《心经》开篇的第一句，也是第一段。这是佛家的办法，道家是怎么做的呢？我们看看成书于1445年的《修真秘诀·洞玄灵宝定观经》怎么讲述这个问题。“天尊告左玄真人曰：内观心起。若觉一念起，须除灭，务令安静。”道家第一个入手的方法也是安坐，“夫欲修道，先能舍事。外事都绝，无与忤心。然后安坐”。安坐之后，“内观心起”，也是要观。观之后要起念，凡尘杂念，“若觉一念起，须除灭，务令安静”。观自在菩萨，观念观念，有观无念，要求“唯灭动心，不灭照心”。动心就是指念，照心就是观，用光去观。“但凝空心，不凝住心”，就是《心经》讲的“色即是空，空即是色”，凝的是空心而不是住心。“不依一法，而心常住”，所以法非法，非非法，“法尚应舍，何况非法”。“不依一法”是无法的状态，“而心常住”，不以住心，而心常住。如此则“凡心躁竞”，凡心渐渐就没有了。

前面这段话讲了几件事情，首先在讲打坐之前，要“夫欲修道，先能舍事”，要舍，把世间万事都舍了。“外事都绝，无与忤心”，把乱七八糟的尘世都断绝，“然后安坐”。“内观心起”，此时开始观自在菩萨。观的时候就起念，“若觉一念起，须除灭，务令安静”。然后“唯灭动心，不灭照心”，动心就是念，照心就是观。“但凝空心，不凝住心”，“但凝空心”指色即是空，“不凝住心”不执著。“不依一法，而心常住”，不执著于法，心无所住，而心常住。“则凡心躁竞”，凡心就去了。

如何去观呢？“以无事为真宅，有事为应迹。若水镜之为鉴，则随物而现形”。比如镜子、湖面，有什么东西吗？什么都没有，“随物而现形”，有了物在湖面上就看到影子，镜子里就看得见影子，物没有了，影子也没有了。所以镜花水月，明镜光影，风雷雾电，最终还是你自己一念不起，照心寂然，寂然就是空。“唯念定心之上，豁然无覆；定心之下，旷然无基。旧业日消，新业不造。无所挂碍，迥脱尘笼。行而久之，自然得道。”我们在后面要讲心无挂碍。“若定中念想，多感众邪。妖精百魅，随心应见。所见天尊，诸仙真人，是其祥也”。这段在后面色即是空中讲。这后面都是定心之后出现的种种表现。

上面是道家《修真秘诀·洞玄灵宝定观经》讲的内容，那么医家又怎么说呢？我们看《黄帝内经》：“恬淡虚无，真气从之，精神内守”。我们讲了“唯灭动心，不灭照心，但凝空心，不凝住心”，空心指的就是恬淡虚无。什么是空心？心无挂碍就是空心，空心就是“恬淡虚无，真气从之，精神内守，病安从来”。“是以志闲而少欲，心安而不惧，形劳而不倦，气从以顺，各从其欲，皆得所愿。”志，肾主志，欲，也是肾主欲，志闲而少欲可以养肾，也就是拘魂制魄，拘魂的幽精，幽精管欲望，幽精归肾所主，肾主志。所以志闲而少欲，可以养肾。“心安而不惧”，可以养心。《金匮要略》讲“寸口脉动而弱，动则为惊，弱则为悸”，心气虚的人就容易受到惊吓，比如桂枝甘草汤证，桂枝甘草龙骨牡蛎汤证，桂枝去芍药加龙骨牡蛎救逆汤证。这种人，你在背后叫他“哎，张三”，哇，他吓得用手把心口盖起来，“其人叉手自冒心”。这种人是寸口脉动而弱。“形劳而倦”，就是劳形之后中气亏虚，头重不举，多卧少起，比如黄芪建中汤证，或者补中益气汤证。这样可以养我们的心脾肾。

“故美其食，任其服，乐其俗，高下不相慕，其民故曰朴，是以嗜欲不能劳其目，淫邪不能惑其心，愚智贤不孝，不惧于物，故和于道，是以年度百岁而动作不衰者，以其德全不危也。”为什么能活过一百岁，而且老而不衰呢？因为德全而不危。德如何全呢？德是指“美其食，任其服，乐其俗，高下不相慕，其民故曰朴，是以嗜欲不能劳其目，淫邪不能惑其心，愚智贤不孝，不惧于物”。德全有什么好处？德全和于道。德全如何和于道？“虚邪贼风，避之有时，恬淡虚无，真气从之，精神内守，病安从来，是以志闲而少欲，心安而不惧，形劳而不倦，气从以顺，各从其欲，皆得所愿”，这个叫作和道。

《黄帝内经》的这段话，讲了道与德的关系，道指我们的身，反应在身上就是人的精气神，你看到他“真气从之，精神内守”。德就是我们的心，比如“嗜欲不能劳其目，淫邪不能惑其心，愚智贤不孝，不惧于物”。这段话在讲心与身之间的相互影响，也就是德与道。我个人认为《道德经》的成书年代，可能早于《黄帝内经》。

讲完“观”，我们来讲“照”。“照”在《洞玄灵宝定观经》中讲了“唯灭动心，不灭照心”。动心就是你的念，你的种种念。“不灭照心”，要去照。照的结果是什么呢？《纯守三一论》讲“澄光之照，睹夜如昼”，就是在照的时候会出现一轮白光，全身光明通透，黑夜如同白昼。所以“观自在菩萨，行深般若波罗蜜多时，照见五蕴皆空”，他们说的是一件事情。

佛家从性入手，道家从命入手，道家对于修心是怎么看待的呢？是不是有重大的区别呢？我们来看看《道藏太上老君内观经》：“谛观此身，从虚无中来，因缘运会”，我们人一生从无中生有，因为各种原因，有前世来世的因果，因缘运会。“积精聚气，乘业降神，合和受生”，精气神有了，人的生命就有了。“谛观此身，从虚无中来，因缘运会”，这是原因。原因之后，“积精聚气，乘业降神，合和受生”，生命就有了。生命有什么表现呢？“法天象地，含阴吐阳”，与《黄帝内经·上古天真论》“提挈天地，把握阴阳”讲的是一回事。“分错五行，以应四时，眼为日月，发为星辰，眉为华盖，头为昆仑，列布宫阙，安置精神。万物之中人为最灵，性命合道，人当爱之”。

老君又云：“从道受分，谓之命”，生命从何而来？那是从虚无中因缘运会而来，这就是道。从道之后受分，如何受分？“积精聚气，乘业降神，合和受生”。“自一禀形，谓之性”，有了生命之后，才有神志。“所以任物，谓之心。心有所忆，谓之意。意之所，谓之志”，这与《灵枢经·本神》中的描述一致。“动而营身，谓之魂，静而镇形，谓之魄”，人体白天的活动由魂所主，夜间由魄所主，人有三魂七魄。“流行骨肉，谓之血。保神养气，谓之精。气清而驶，谓之荣。气浊而迟，谓之卫。总括百神，谓之身。万象备见，谓之形。”身在外体现出的象就是形。“众思不测，谓之神。邈然应化，谓之灵。”想不出来那是神，何为“灵”？灵感，一下子就明白了，比如有一道题苦思冥想许久，做不出来，睡了一觉灵感突然来了，就做出来了。“气来入身，谓之生。神去于身，谓之死。”何谓“生”，就是有了形体，不一定是活人，还必须有气化才是“活人”。“神去于身，谓之死”，活人没有神志了，先天的神、后天的神都没有了，他就死。“气来入身，谓之生。神去于身，谓之死”，就是我们经常讲的形气神。“所以通生，谓之道”，能够通生，能够明白生命的道理，能够邈通生死那就谓之道。“道者，有而无形，无而有情，变化不测，通神群生。在人之身，则为神明，所谓心也。”群生就是众生，在人的世界里就是神明，心主神明，就是心。所以，教人修道即修心也，教人修心即修道也，修道就是修心，修心就是修道。

第八讲

“五蕴皆空”，五蕴指色受想行识，色是外部世界，受想行识是自我。“照见五蕴皆空”，“无无明，亦无无明尽”，这是关于光明的问题。《黄帝内经·阴阳离合论》也讲了光明，“前曰广明，后曰太冲”，《五运行大论》讲两侧为显明。从《黄帝内经》的角度讲，人体的后面是太冲，前面是广明，两侧是显明。太冲上为太阳，下为少阴；广明内为太阴，外为阳明；显明内为厥阴，外为少阳。显明是指天快亮还没亮的时候，天很黑还没亮，乃至于太阳初升。我们讲六经化生的时候，讲后半夜是厥阴，快天亮的时候是少阳，后半夜到天将亮是我们的显明。《黄帝内经》把人分了太冲，广明和显明。

黄元御讲一气周流。很多人都知道一气周流这个话，一气周流百病不生，可是究竟怎么才能一气周流呢？大家不清楚。根据《阴阳离合论》提出显明、广明、太冲的观点，我们会专门讲一课《伤寒研究·两感》，专门讲辨治广明病、太冲病、显明病。

为什么在《心经通解》里讲这个问题呢？因为很多人把黄元御的一气周流，当成了一个概念，不知道如何操控。实际上一气周流，从少阴到太冲，从太冲到广明，从广明又回到少阴、回到太冲。黄元御讲的一气周流，在道家就是小周天。从太冲到尾椎骨，由少阴沿脊柱而上到太阳，太阳往前，落下经过广明，最后由少腹回归气海，这是小周天。前面叫广明，后面叫太冲，两侧叫显明。这就是《阴阳离合论》讲的显明、广明和太冲。

《心经》讲“照见五蕴皆空”，就要用光。因为有光，所以“无无明”，才能做到一体通透。佛家讲的“照见五蕴皆空”，直接用性光，从元神开始修。而道家讲河车搬运，从尾椎骨一直搬到百会穴，再下来，再上去。道家要立鼎筑基，打通大小周天。道家打通大小周天的时候，就可以感觉到太冲、广明、显明。对太冲、广明、显明的感觉，就是道家的内视，由此延伸出很多知识。

这些认知来自于《黄帝内经·阴阳离合论》，到黄元御发展为一气周流，本质上与道家的小周天是内通的，只是用的方法不同，一个是医生，一个是道家。从这里，我们可以更好地去理解“照见五蕴皆空”。

色即是空第二

舍利子，色不异空，空不异色，色即是空，空即是色，受想行识，亦复如是。

第一讲

今天我们讲《般若波罗蜜多心经》的第二段：“色即是空”。第二段说什么呢？“舍利子，色不异空，空不异色。色即是空，空即是色，受想行识，亦复如是。”一共是四句，第一句“舍利子”，第二句“ 色不异空，空不异色”，第三句“ 色即是空，空即是色”，第四句“受想行识亦复如是”。

这一段是承接上一段。上一段说“观自在菩萨，行深般若波罗蜜多时，照见五蕴皆空，度一切苦厄” 。就是说你通过“观”，看到了菩萨，我就是菩萨。我们叫作具足相，自性具足，就是每个人都能成菩萨。然后你打禅，“行深般若波罗蜜多时”，通过

“照”，用你的性光“照见五蕴皆空”。“照见五蕴皆空”，你就能“度一切苦厄”，脱离轮回之苦，这是第一段讲的东西。

第二段就开始承接第一段讲“五蕴皆空”。“五蕴”我们说了指的是“色受想行识”。“色”指的是外在的世界，而“受想行识”是自我。自我的什么呢？“受”是接受、感受外在的世界，“想”是我们的思想，“行”是我们的行为，“识”是我们的认识、区别、分别。我们主观的意识和我们的客观世界叫“五蕴”。

下面一段话就在讲什么？“五蕴皆空”真正的含义，什么是“五蕴皆空”。“五蕴皆空”真正的含义是“色不异空，空不异色，色即是空，空即是色”。这里讲的“色”是讲物质世界，后面又说了一句“受想行识，亦复如是”，就是主观的自我也是这样子的，不光客观世界是这样，主观的自我也是这样的，“亦复如是”，就不一一去讲了。

那么我们就拿客观世界的色欲“色不异空，空不异色，色即是空，空即是色”来讲。什么叫作“色不异空，空不异色”？他这讲的色和空，是一个事物的两个方面，就像镜子的正面和背面一样，你看到的正面是色，背面就是空；如果你看到正面是空，背面就是色。这个怎么去解释呢？我跟大家举几个例子，相信大家就能够体会。第一，我们讲碳元素。碳元素是自然界最常见的一个元素，比如我们的碳水化合物，生命由碳水化合物组成。碳也是构成我们物质世界和人体的一个基础元素。碳元素的结晶，就是石墨和钻石，石墨乌七八黑，钻石晶莹剔透。石墨和钻石的化学元素是完全相同的，只是由于结晶的方式不一样，一个是致通致透、致坚致硬，一个致黑致软，就构成了两个东西。这就是色和空之间的关系。

再比如你看到一个人，这叫作“色”，因为他有相，眼睛能够看得见。但是你知道这个人呢，是由一些基本的粒子组成的。组成这个人的基本的粒子都是看不见的。我们去解剖人，看得见他的组织器官，能看到的是一个整体的人，一个系统、一些器官和一些组织。如果我们用光学显微镜就能够看到细胞。原来这些器官、组织、系统是由细胞组成的，人是由细胞组成的。如果我们用电子显微镜，通过扫描电镜和透射电镜，我们能看到亚细胞的结构，比细胞更小的结构。但是构成这些亚细胞结构的基本因素，电子显微镜也是看不到的。我们一个“色”，一个肉眼可见的人，居然是由我们看不到的粒子组成的，所以说“色不异空”。

“空不异色”，比如空气，我们在开阔的平原上去看，周围什么东西都没有，但是空气里有氧气、二氧化碳，还有各种场，有电场、磁场，还有各种波。这些场、这些波，我们都是看不见的，但是存在于我们空气中，所以说“空不异色”。有没有真空呢，有没有什么都没有的真空呢？其实理论上没有真空的，所谓真空是无限的接近真空。如果什么都没有的那个空，真正的真空，那个空间是不存在的。

“色”与“空”叫作二象性，“色”与“空”的二象性，就像光的波粒二象性。光是一个基本的粒子，但它看上去是一个波，我们叫作光波。这个光波是由粒子的波动形成的。你会发现光波有个特点，你知道光波运行的轨迹，但是你并不能测准这个粒子准确所在的位置；当你测准这个粒子所在位置的时候，它的运行轨迹是不准确的。也就是说，粒子和波二者之间有一个测不准的规律。你认识到光有波粒二象性的时候，你就知道我们“色”和“空”之间的关系，就像光波一样起起伏伏。这个起起伏伏，在佛教里面就叫缘起缘灭。物质世界的因缘，就像波一样缘起缘灭。缘起这个相就呈现出了，缘灭这个相就没有了。缘起这个象就呈现出，它就是我们讲的“色”，缘灭这个相就没有了，那是我们讲的“空”。

第一段讲“观自在菩萨”，就告诉你“观”和“念”之间的关系。当你像一个旁观者看电影一样坐在那，各种念头就出来了，念头一波一波地出来，就像波浪一样。缘起这个念头就起来了，天马行空，缘灭这个念头没有了，缘起这个念头就又有了，缘灭这个念头就又没有了。这个波呢，它的波幅越来越窄、越来越窄，归于平静，“念”没有了，就是后天的意识没有了。这个时候你的性光就出现了，元神就出来了，照见“五蕴皆空”。这是讲“色不异空”和“空不异色”之间的关系。

第二段他又讲“色”与“空”，一个事物的两面性，我们叫作事物同时具有“色”与“空”的二象性。从一个象看上去他是“色”，从另一个象看上去他就是“空”。“色”是一种相，我们叫作色相。我们眼睛看得见的都是相，成相的。“空”也是一种象，我们叫什么空相。“空”不就是没有吗，它怎么是一个象呢？举个例子，零是不是个数字？没有也是一个数字。一二三四五六七八九十是数字，零也是数字。没有零，一千哪里来。所以说这个相啊，分了“空”和象。简单地说，象就是看得见的东西，“空”是看不见的东西。但是这种说法层次不同，我们用一种通俗浅显的层次让大家去理解。

那么事物既然有“相”和“空”两端，相又包括什么呢？相就包括色相和空相，色象就是看得见的东西，空相就是看不见的东西，所以“色不异空，空不异色”。你看一个光波，如果你从第三者的角度看光波，它是一个起来、掉下、起来、掉下的曲线，我们叫波。可是你从粒子的后面去追着这个粒子看，它在做直线运动，一直在往前。这就是你看的视角不同。给大家举个例子大家就明白了，大家有没有在火车上打过乒乓球？火车开动的时候，你在火车上把一个乒乓球扔在桌子上，它就弹起来、掉下去、弹起来、掉下去，这个乒乓球做的是直线运动。可是你在火车的外面，你看到的这个乒乓球，火车在开动的时候，它做的是一个波。为什么？因为火车在开，它是一个波，不是一个垂直的起落，火车在往前开，这个乒乓球的轨迹是一个波。站的角度不一样而已。为什么你看到的乒乓球是一个直线运动？因为你跟乒乓球是在一块的，你没有跳出来，你没有观，没有跳出这个世界。在火车上你是乒乓球的一个参与者，而在火车外面去看这个乒乓球的时候，你是去观。观到的乒乓球是在做波的运动，而不是垂直的掉下来、升上去，掉下来、升上去。那么究竟这个乒乓球是在做直线运动，还是在做抛物线运动呢？其实是没有分别的。如果这个火车足够的大，你永远不知道自己在火车里面，它就是在做直线运动。这个火车相我们地球，地球在不停地跑，你看到的乒乓球在做直线运动，实际上地球在不断地往前跑，在围着太阳转，乒乓球是在做抛物线运动。只要这个空间足够的大，你在这个空间里看到的乒乓球就是做垂直的升降，但是当你跳出地球去观的时候，这个乒乓球在做抛物运动。所以我们所看到的物质世界，都是因缘而生，一念而生。你看到的都是缘起缘灭。缘起色来，缘灭空啊。

“色即是空，空即是色”，事物具有“空”和“色”的二象性，表现出了色相和空相。这个色相和空相就是“色不异空，空不异色”，色的背后是空，空的背后是色，没有真正的色，他背后都是空。看得见的东西都是由看不见的粒子组成的，看不见的东西里头都有我们看得见的东西。进一步来说“色即是空，空即是色”，它不光具有二相性，不光具有色相和空相，从本质上来讲色象就是空相，空相就是色相。

大家会发现我在这里漏了三个字“舍利子”，这几个字很特殊，莫名其妙就蹦出这三个字来。“舍利子”即是指舍利，舍利是一个梵语的音译。这里的意思就是灵骨的意思，就是骨头。骨头为什么叫灵骨呢？高僧火化以后，烧不化的东西，那些骨头就构成了舍利。灵骨和正常的骨头不一样，不仅烧不化，形状、硬度、颜色都很特殊。有的坚硬如石、坚硬如铁，表现各种形象，呈现五色光芒，有红的、白的、黑的，等等。那么为什么会出现这种烧不化的东西呢？因为他有灵性，高僧才能得到的这些骨头。“舍利子”是梵语的音译。音译为什么恰恰译成这两个字呢？“舍”就是断的意思，它是高僧涅槃之后留下的。涅槃就是他的灵魂已经走了，离开这个世界，叫作“舍”。“利”，好的意思，涅槃之后留下的美好的东西，我们叫作“舍利”。虽然它是音译，但是它把音和意结合起来了。这个佛家叫“舍利”，我们换一个说法叫“舍得”，这是我们儒家的说法，不舍就不得。而佛家把这个骨头叫“舍利”。若用道家的理论来解释，人有三魂——爽灵、幽精、胎光，两精相搏谓之神，两精相搏胎光就有了，然后出现了爽灵与幽精，一个为阴神主持我们的行动、思想、意识等，一个与我们的性生活等其他方面有些关系。而胎光在高僧大德羽化以后，或者佛家讲圆寂以后，留下来的七彩结晶，就是“舍利子”，也就是胎光凝聚。胎光如何能够凝聚，产生舍利呢？那就要“观自在菩萨”。用你的光去观，也就是道家讲的性光。

这里“舍利子”三个字在说什么？不要这三个字行不行？不行。不要这三个字，他仅仅是讲“色不异空，空不异色，色即是空，空即是色，受想行识，亦复如是”，他讲的是对物质世界和自我的认识。加上这三个字他就在讲什么呢？他就在讲禅修。我们说五色舍利，呈现出各种色彩和光芒，高僧火化后会得到五色舍利。随后的意思就是说，这个五色舍利是指“色不异空，空不异色，色即是空，空即是色”。涅槃之后得到的五色舍利，是

“色不异空，空不异色”。

实际上在涅槃之前，当性光出现照见“五蕴皆空”的时候，他是感觉不到外界的物质世界和自我的。客观的物质世界就是色蕴，主观的自我就是受想行识，他都感觉不到了。当他感觉不到的时候，他进入了四禅，佛教分得很细：初禅、二禅、三禅、四禅。实际上就是客观的物质世界和主观的自我，呈现出的种种色相。会出现各种异相，白云朵朵、七彩光芒、流水潺潺、异香扑鼻。他会看到世间的种种色相，这是第一。第二他也会看到自己的种种色相。“照见五蕴皆空”，通体透明之后，会发现自己突然之间变得好大啊，与天地同大；突然间变得好小啊，又飘在空中，身上冷热酸胀麻这些感觉，等等。他会出现喜悦的心情，极度的快乐。这感觉会在禅修的过程之中出现。就是当物质世界和主观自我五蕴皆空的时候，出现种种的色象，这些色相是极度美好和愉悦的体验。

但是有个问题，你还得“观”，你还是要做一个旁观者，不要去追求这种主观的体验。你一旦去追求这种主观体验，这个体验就消失了。所以当很多人进入这种状态的时候，他会感觉非常的美好，非常的愉悦，而当他感知到非常的美好，非常的愉悦，去追求这种体验的时候，随之而来，这种体验就消失了。从佛教的角度上讲就是“掉禅”了。《心经》讲“色即是空，空即是色”，这些主观的体验都是不存在的。只有进入寂静的状态的时候，才会呈现这些主观的体验，而这些体验又是不存在的。也就是说，当你的意识消失的时候，元神出现的时候，性光照得你通透的时候，出现这些种种的体验。“五蕴皆空”就是“色受想行识”都没有的时候，你反而出现“色受想行识”的种种体验，而这些体验本身也是空的，也是没有的。你一旦去追求它，你立刻就“掉禅”，很快就从禅定的状态中出来了。

所以他这段话讲什么呢？讲你修行的第二个阶段。第一个阶段是“观自在菩萨”，你要用“观”的办法去执你的念，当用“观”的办法去执念的时候，你进入禅定的状态“行深般若波罗蜜多时”，这个时候你性光出现“照见五蕴皆空”，全体通透。通透之后“度一切苦厄”，你种种心理的痛苦、身体的痛苦都没有了，你都感知不到了。这个时候反而出现种种“色受想行识”的色相，出现白云朵朵，莲花盛开，出现异香扑鼻，出现冷热酸胀麻，出现极度的喜悦，出现自己的身体忽大忽小，出现玲珑剔透，出现飘于云端，出现浮于水面，等等，出现这些极度愉悦的感受。而这些极度愉悦的感受是什么呢？是空相，也就是你应该是“观”，而不应该是去念，不应该去寻找，不应该去追求。要度过这个阶段，你才能够进入修行的下一个阶段。

虽然在修行的时候，进入禅定后，可以出现种种神通，比如天眼通、天耳通，听到无穷远的世界，听不见的东西听得见，看不见的东西看得见，出现这种种神通，但是记住不可以七十二相见如来，这些神通都是相。“舍利子，色不异空，空不异色，色即是空，空即是色，受想行识，亦复如是”。这就是《心经》第二段“色即是空”的基本意义。

物质世界为什么完全是由人的主观意识所决定的呢？给大家举个例子，你在电梯里面手上拿着一个乒乓球，从一楼到九楼，从九楼再到一楼，你在电梯里面，看这个乒乓球根本没有动。对吧？乒乓球就在你手上没有动，这个时候你看到的是一个静止的乒乓球。可是当你站在电梯外，如果电梯是透明的话，你看到电梯里面一个人拿着乒乓球在做垂直的运动，上升下降、上升下降。你如果站在地球外看这个乒乓球，由于地球在往前高速的运行，这个乒乓球是在象波一样，一个波一个浪的上下上下，它是一个波，它不是在做一个垂直运动，而是在做一个波的运动，因为它在不停地在往前走嘛。所以你在电梯里看到的是一个静止的乒乓球，在电梯外看到的是一个垂直运动的乒乓球，而你在地球外看到是乒乓球在做一个波的运动。所以，回过头来你去想想，我们这个物质世界究竟是怎样的一个世界，大家去思考。

第二讲

“行深般若波罗蜜多时，照见五蕴皆空”的时候就出现种种神通，飘在云端啦，身体至大至小啊，异香扑鼻啊，等等。这些神通，佛家讲“色不异空，空不异色，色即是空，空即是色”。

这些神通都只有在“行深般若波罗蜜多时”的时候，才会出现。

出现这种种神通的状态，道家有说法，道家叫作“恍惚”。道家说，你修到“致虚极，守静笃”的时候，你用其光，复归其明，一体通透的时候，你会进入恍惚状态。也就是《道德经》第十四章讲：“是谓无状之状，无物之象，是为恍惚。”“无状之状”“无物之象”，就是我们讲的“色不异空，空不异色”。第二十一章讲“孔德之容，唯道是从”，当你看到道的时候，你观道的时候，道出现了。“道之为物，惟恍惟惚，惚兮恍兮，其中有象；恍兮惚兮，其中有物。”就是这种恍惚的状态下，你看见了至大至小，你看见了白云朵朵，你闻见了异香扑鼻，等等。这些都是恍惚状态，你所感受到的都是“无状之状，无物之象”。这些“状”和“物”它是什么？它是“色”。而“色不异空”，你在“致虚极，守静笃”这种“空”的状态下，你感受到了“色”，所以“色不异空，空不异色”，但是它的本质是“色即是空，空即是色。”而这种状态，在“致虚极，守静笃”，即所谓“行深般若波罗蜜多时”，出现的种种神通，这些“色”，它本质是“空”，它是空洞状态下才出现的，“色不异空，空不异色”。而这种禅定的状态，道家讲的是“恍惚”。他认为你看到的是“无状之状，无物之象”，“惚兮恍兮，其中有象；恍兮惚兮，其中有物”，也就是我们讲的“舍利子，色不异空，空不异色，色即是空，空即是色。”

佛家讲“色”与“空”，而道家讲“有”和“无”。比如，

《道德经》第一章“道可道，非常道。名可名，非常名。无名天地之始；有名万物之母。故常无欲以观其妙；常有欲以观其徼。此两者，同出而异名，同谓之玄。玄之又玄，众妙之门。”“无名天地之始”，那个时候，天地还没有诞生，万物还没有生成。“有名万物之母”，出现了“道生一，一生二，二生三，三生万物”，万物开始有了，这是天地形成的过程。“常无欲以观其妙”，还是要什么呢？“常无欲”就是无我，无欲、无我的时候去观，也就是所谓的“观自在菩萨”。而“常有欲以观其徼”，“徼”——边界、现象。有我的时候，你可以看到事物的表象。有我、有欲的时候 ，你可以看到这个世界的表象，而无我、无欲的时候，你可以看到“以观其妙”。什么是“妙”？妙不可言，没有办法说。所以，“有”和“无”，“此两者，同出而异名，同谓之玄。玄之又玄，众妙之门。”什么叫“同出而异名”？就是“有”就是“无”，“无”就是“有”。所以第二章讲“故有无相生，无中生有，有中生无。”所以，“天下万物生于有，有生于无”，这就叫“无中生有”。“天下万物生于有”，没有怎么能够生万物呢？而“有生于无”。“有如何生于无”？“道生一”，道就是无。“天下万物生于有”，生于什么？生于“三”。“有”生于什么？有生于道。所以，“有无相生”。正因为“有无相生”，所以“无名天地之始；有名万物之母” 。“无”的时候，天地还没有开始，“有”的时候万物才有了。“故常无欲以观其妙”，妙不可言，无我的状态下去观。“常有欲以观其徼”，你可以看到万事万物。“有”和“无”

在佛家讲就是“色”和“空”。

所以，大家记住两对范畴。一对范畴就是“色”与“空”，这是佛家讲的一对范畴；第二对范畴就是道家讲的“有”与“无”。这两对范畴，本质上是在说一件事情，用了不同的语言。所以，《六微旨大论》讲：“无形无患”“不生不化”，它还是在讲“有”与“无”的关系。“不生不化”就是没有气化。“无形无患”，没有形质就没有患。患就是什么呢？不舒服的意思，既可以是疾病，也可以是死亡，还可以是担忧。所以《黄帝内经》更多的内容源自于道家。这两对哲学范畴，“空与色”、“有与无”，它们之间的关系，也就是“诸法空相”。在你经过恍惚状态之后，你会进入什么呢？大象无形的状态，诸法空相的状态，真正进入了“空”的状态。

第三讲

“舍利子，色不异空，空不异色，色即是空，空即是色，受想行识，亦复如是。”《心经》讲“受想行识”，受想识都是意识，都是精神活动。那么《内经》怎么说呢？《灵枢·本神》说：“所以任物者谓之心，心有所忆谓之意，意之所存谓之志，因志而存变谓之思，因思而远慕谓之虑，因虑而处物谓之智。”我们前面讲了“任物者谓之心”，心指的是受，接受。“心有所忆谓之意”就是有记忆，“谓之意”这就是我们讲的识。然后呢，“意之所存谓之志，因志而存变谓之思”，这就是讲的什么呢？“因思而远慕谓之虑”，他想。“因虑而处物”，他行。

《黄帝内经》讲的心、意、志、思、虑、智，在道家主要就强调心和意。叫作锁心猿，擒意马。心辕就是猴子，意马就是白马，《西游记》里面的孙猴子和那匹马。为什么锁心猿，擒意马呢？这是因为“任物者谓之心”，它是感官，就是“眼耳鼻舌身意，色声香味触法”，通过感官来感知外部世界。感知之后，又“心有所忆谓之意”，他有记忆，包含瞬时记忆和长期记忆。如果有感官而没有记忆的话，这个东西，他看到了，但脑子里面留不下任何印象。所谓印象，就是印在脑子里面的象。如果他只是感知外界的世界，能够感到外界，能够看见花花绿绿的世界，但是脑子里没有任何印象，就是没有意，没有记忆就没有意。

我们讲三心二意，有心无意，没有记忆我们叫作擒意马。有心他还能够看得见，这个叫作“观”，就是有“观”没有念，他活在世界上就像看电影一样。但是这个“观”呢，他是外求，他还能够外部看得见这个世界上的花花草草。当他禅定的时候，他是内观。道家讲的反观内照，眼观鼻，鼻观心，两目三七开，然后凝神照祖窍，然后看自己的身体。那是叫反观，看的是自己。你看庙里的菩萨老是眼睛半张，三分观天下，七分观自在。你觉得他在看外部事物吗？你又感觉他眼睛看着他自己，你说他看着他自己吧，他的眼睛好像还张开。你去看那个菩萨相，都是这种状态。在道家主要讲心和意，修行的时候强调锁心猿，擒意马。佛家讲的是“五蕴皆空”，就是“色受想行识”，五蕴皆空，但是可以看到他们的理论还是相通的。

第四讲

色受想行识”五蕴分成两部分，第一部分讲色，色指的是我们外部的物质世界；然后是受想行识，指的是我们的主观世界。

那么，先讲外部的客观物质世界，在讲到外部客观物质世界的时候，他提出了一个观点：色即是空。这个观点我们如何去理解？关于外部的物质世界，也就是我们所谓的“色”，实际上有三个因素：时间、空间和物质。关于时间、空间和物质之间的关系，我们举过一个例子：电梯里面的乒乓球。我们在电梯里面托在手上它是静止的；我们在电梯外，看到这个电梯内静止的乒乓球是在做上下的垂直运动，因为电梯在升降；我们离开地球去看，由于地球在水平的移动，这个乒乓球实际上是在做抛物线。它是一个波的运动。

乒乓球的例子讲到了运动与静止，就是速度的问题，然后我们再来讲它的重量。物质嘛，我们能够感受到乒乓球的重量。我们手上托一个乒乓球或者铁球。如果这个球是50克，托在我们手心。在电梯做向上运动的时候，这个球的重量是大于50克的；当电梯在做向下运动的时候，我们拿一杆秤去称，它的重量是小于50克的。这是为什么？因为有超重和失重的问题。可是当我们在电梯里面，电梯做匀速运动的时候，我们是不知道电梯在运动还是没有运动的，就好像我们在地球上，我们是没有感觉到地球运动的。再比如一个匀速运动的火车，如果它的窗户是封闭的，我们在火车里面，根本不知道这个火车是开了还是没有开，是无法感知到这个火车运动的。所以一个50克质量的东西可以是45克，也可以是55克，其实我们完全不知道它的准确重量究竟是50克、55克、还是45克。这三个数值都是对的。这就涉及时间、空间和物质的关系。

相对论就探讨了时间、空间和物质的关系。相对论分了狭义相对论和广义相对论，狭义相对论讨论了匀速运动，匀速直线运动参照系，它是惯性参照系的物理定律。而广义相对论讲的是加速运动的参照系，它是非惯性系。非惯性系的运动规律，是时间、空间和物质的关系。比如我们的地球，它就在做匀速运动，但是地球是在做匀速运动吗？因为地球在做匀速直线运动，所以我们感觉不到地球的运动，在地球上我们觉得我们是静止的，实际上我们跑得飞快，一年围着太阳转一圈。那么地球真的是做直线运动吗？如果它做直线运动，它怎么会围着太阳转一圈呢？这是第一个问题，它在画圆。第二个问题，它真的是匀速的吗？宇宙都在膨胀，它怎么会是匀速的？怎么会是一个惯性参照系？所以，我们所接受的受物，佛家讲“受想行识”，这个受就是感官、感知到的外界世界。而这个“受”，我们感到的这个规律是经典物理学、经典力学的规律，不适用于高速运动和微观领域。

但是这个高速运动和微观领域与我们的生活有没有关系？有啊！地球就在做高速运动啊！我们人就是由原子构成的呀！所以，我们“眼耳鼻舌身意，色声香味触法”，所感知到的这个领域有它的下限——微观的领域，分子、原子的运动；有它的上限——宇宙天体的运动。那么它的微观领域用什么来讲？用量子力学来讲。它的宏观领域，用的是相对论。而我们“受想行识”，“眼耳鼻舌身意，色声香味触法”，这是经典力学的范畴。为什么我们要说到相对论去呢？因为它可以解决“色即是空”的一些基本的概念问题。

在相对论里面，质量和能量是一回事。在经典力学里面，质量守恒、能量守恒，可是在相对论里面，质量和能量密不可分。质量守恒定律和能量守恒定律就变成了一个定律，叫作质能公式。质量就变成了能量的一个量了。$E = MC^2$，C 是光速，M 是它的质量，E 是它的能量。换言之，质量随着能量的增加而增加。质量是什么？“有”，就是“受想行识”，就是“眼耳鼻舌身意”能够感受到的东西。你拿一个铁球在手上，你感觉得到。为什么人喜欢黄金呢？黄金在手上沉甸甸的，它质量高啊。金属随着质量不断地增加，我们觉得黄金好啊，黄灿灿的，冒黄光啊，然后还很重，这是我们能够感受到的。而能量呢，是我们肉眼感知不到的。

但是质量和能量，就是道家讲的“有”和“无”。有无是相生的，随着能量的增加，质量在增加呀！同时又带来第二个问题，质量和能量不是独立的，而是与运动的状态有关系。什么叫运动的状态？也就是时间。随着我们运动状态的改变，就是速度的增加，它的质量在增加。速度越大，质量越大。当接近光速的时候，它的质量接近无穷。但是这里有个问题，什么叫速度？速度是物质和能量在空间上的不均匀分布。这话很拗口，简单地说，这个物体本来在这个空间，现在这个物体到了另一个空间，而这个物体在这个空间的分布所需要的时间，那就是它的速度。它本身在A点，现在变成了B点，从A点到B点所需要的时间，就是它的速度。所以质量和能量它不独立，它两个守恒，合为一个守恒定律，因为质量随着能量的增加而增加。而能量或者质量又跟速度有关系，也就是跟时间有关系。所以说在四维的时空里面，质量或者能量实际上是四维动量的第四维的分量，也就是我们讲的时间。因此，在四维时空里面，动量、能量实现了统一。都知道物体的动量，物体的动量取决于它的运动，不同质量的物体，在不同速度的运动下，具有不同的动量。

相同的物体，当它动量越大的时候，它的质量也大，它的速度也快，而速度越快，它的质量越大，它质量越大能量就越大，所以动量、能量、质量，实现了统一。质量和能量的统一是“有”与“无”的统一。有无相生，我们看得见的东西和看不见的东西相统一。而动量和质量的统一、动量和能量的统一，又实现了空间和时间的统一。因为动量取决于物体运动的速度。速度乘以物体的质量，构成了动量。所以动量取决于时间，那么它就实现了时间和空间的统一。

我们的“受想行识”，也就是我们的“眼耳鼻舌身意”感知到的经典力学的时空是绝对的。空间，包括长宽高，这是一件事情；时间，是另外一件事情。时间和空间是绝对的，是没有关系的。但是我们换一个角度上来讲，时间和空间从相对论来讲，它是有关系的。每一个世界应该是由四个数量来描述，这四个数量就是：它的时间加上它空间的长、宽、高。空间的长、宽、高就是我们的 X 轴、Y 轴、Z 轴，加上它的时间 T 轴，就构成了四维的刚性连续时空。也就是说时间和空间，物体的长度和它的质量是统一的。物体的质量，也就是物质，是色，它统一于时间和空间，所以说“色即是空”。例如，物体的长度和运动的速度有关系，一个高速运动的物体，随着速度的增加，它的长度在变化，也就说体积在变化，这就是时间影响空间。而物质也影响空间，因为在经典力学里面，有物质就有引力。而在相对论里面，所谓的引力，不外乎是空间的弯曲，由物质带来物质周围的空间的弯曲，这就是经典力学讲的万有引力。万有引力实际上是空间的问题，由物质所带来的空间的弯曲。而且时间还影响质量，因为物体的质量跟它的运动状态有关，高速运动的物质，它的质量增加。因为我们讲速度是时间，而速度影响质量，而质量又影响空间，导致空间的弯曲。那么在相对论的范畴内，光速不变，这是相对论的基本原理。因为光速不变，所以光就作为四维时空唯一的标识。在四维时里面，空间是可以变化的，时间也是可以变化的，但是光速不变。所谓的时间，它是跟光速密切相关的，所以佛家讲“无无明”。

我们讲到这里想跟大家说明一个什么问题？说明佛家讲的客观世界，我们所感受的客观物质世界，不外乎时间、空间和物质。空间，我们看得见的；时间，我们知道，昨天、今天、明天；物质，金子、银子、铁、土等，这些我们都能感知的到。而时间、空间和物质之间是有密切关系的。我们所感受到的一个有形的物质，它是随着时间和空间而变化的，这就是我们讲的“色即是空”。

大家看我们《伤寒杂病论研究》里讲的标本法，一个人站在立体的球里面，配上三阴三阳，就是六经，再配上天干地支就是五运六气。配上三阴三阳，空间就有了，配上天干地支，时间就有了，这就构成了时空。所以，时间和空间是个连续的刚性的时空，并不是隔离的。换言之，没有时间的空间不存在，没有空间的时间也是不存在的。这就带来一个问题，既然没有时间的空间不存在，没有空间的时间不存在，有没有可能既没有时间，也没有空间？有。因为时间是一个单向的轴，它有起点的，起点起于宇宙爆炸。在宇宙爆炸的那一点之前是没有时间，也没有空间的。这就是“有物混成，先天地生”，这就是我们的道。道生一，突然之间宇宙发生爆炸，时间、空间就有了，从极点开始，物质就有了，时空、物质就开始有了。

我们所感受到的时空、物质，在经典力学的范畴内。更高速的运动和更微观的领域，我们感受不到。我们就在做高速运动，我们随着地球快速地跑，而地球随着太阳快速地跑，太阳随着银河系在快速地跑。而我们就是由一个个微观的原子、分子构成的。由于我们所感受的范围在经典力学的范围，能感知到的就是“色”，就是我们的客观物质世界。这个客观物质世界是什么样的呢？严格来讲，这个客观物质世界由于参照系的不同，你看到的是完全不同的。一个 50 克的球，可以是 50 克，也可以是 45 克，还可以是 60 克。当它的速度接近光速的时候，它的质量可以无穷大；当它的速度是零的时候，它的质量极大的压缩。有没有速度是零的？没有，因为我们都在做高速运动。所以佛家所讲“色即是空”，物质的质量可以在时间和空间中发生变化，转化为时间和空间，乃至于它的长度可以压缩到我们看不见，这就是佛家所讲的“色即是空”。

既然外部客观世界，它的长度都可以压缩到我们看不见，比如宇宙的极点，大爆炸之前，宇宙诞生之前的点，这是不存在的。那么现在就来了一个问题，那么我们的主观世界存在吗？主观世界的“受想行识”，去感受客观的物质世界，如果客观的物质世界都是不存在的，那么主观的物质世界存在吗？而人的底层代码在做什么呢？它编码了我们客观物质世界，从没有生命到有生命整个进化的过程，两精相搏——单细胞生物——鱼——猴子——人，这个进化过程。假如我们时空和质量之间存在着这种关系，那么我们人的 DNA 所反映的宇宙的进化过程存在吗？大家可以去思考。

换言之，我们的时间和空间因物质而变，为什么因物质而变？当物质存在的时候，可以使空间弯曲，可以使时间变得更慢，也就是“空即是色”。有物质才有死亡，那是什么？“色即是空”。因为随着它在时间和空间中的变化，它的质量可以变得无穷大、无穷小，它的长度可以没有。那么，这就说明什么？说明佛家所讲的“色即是空，空即是色”，外部物质世界的存在和不存在的关系，以及“受想行识，亦复如是”，我们的主观世界，我们人本身存在和不存在的关系。这也就是道家讲的“有”和“无”的关系，所谓《道德经》里面讲的“有无相生”。

所以，我们首先要建立时间和空间是统一的、是连续刚性的时空，不存在没有时间的空间，也不存在没有空间的时间。那么在这个四维的时空里面，它的动量、质量和能量是统一的，而且时间、空间和质量（也就是物质）三者是相互影响的。正因为如此，才构成我们的“色即是空，空即是色”。我相信我们用物理学的一些基础知识，可以帮助大家更好地去理解时空和物质的关系。

第五讲

下面我们讲《灵枢经·本神》对神志的认识，以及与《心经》的关系。《灵枢经·本神》讲“故生之来谓之精，两精相搏谓之神，随神往来者谓之魂，并精而出入者谓之魄，所以任物者谓之心，心有所忆谓之意，意之所存谓之志，因志而存变谓之思，因思而远慕谓之虑，因虑而处物谓之智”。

这一段话，我们主要分成两段讲，先讲前四句“故生之来谓之精，两精相搏谓之神，随神往来者谓之魂，并精而出入者谓之魄”。什么叫“生之来谓之精”？男女龙雷一战精卵相授，精子进入卵子被降解，保留它的DNA，精子的DNA和卵子的DNA结合之后，形成一套完整的DNA，我们叫作“生之来谓之精”。“两精相搏谓之神”也就是说从两精相搏开始神就有了。神分无形之神和有形之神，有形之神指我们的这套底层代码，先天给我们编好了的底层代码，也就是我们的DNA；无形之神包括了先天的元神和后天的识神。后面两句“随神往来者谓之魂，并精而出入者谓之魄”，“随神往来谓之魂”指的是什么？道家讲三魂——天魂、地魂、人魂，胎光、爽灵、幽精，它的特点是随神往来，来之成人，往归天地。我们成人的时候它来了，过世的时候归于天地，爽灵归天，幽精归地。“并精而出入者谓之魄”，道家讲七魄，管我们的警觉、免疫、心跳、呼吸、排尿、排便、排毒，就是我们的七种功能。我们都知道心藏神，肝藏魂，肺藏魄。

后面还有三句“所以任物者谓之心，心有所忆谓之意，意之所存谓之志”。这句话说什么，心起什么作用？心的作用是任物，任是接受，接受事物，也就是形成感觉的过程。感觉分感和觉。感是我们的感官——眼耳鼻舌身，这是我们的感觉器官。感觉器官感受各种物理化学的刺激，比如舌头的味蕾感受食物中的化学分子刺激，形成味觉；眼睛感受光的刺激，形成视觉。感觉器官感受物理化学的刺激形成知觉的过程，我们叫作感觉，这个过程叫作任物。“所以任物者谓之心”，这是心神所主。“心有所忆谓之意”，当心形成感觉以后，脾藏意，我们的脾进行思考加工的过程叫作意，意识的意。当心任物以后，脾进行认识加工，这就是意。意是心之音，它来自心的任物，经过脾的加工。“意之所存谓之志”，肾藏志，就是把思考加工之后的东西进行保存，这就是志。怎么保存？一般保存在大脑中，就是我们的记忆，其实还有一部分会保存在我们的 DNA 中。一般讲的记忆是大脑中的记忆，大家知不知道我们的核酸也能记忆？核酸的记忆——整个生物界被演化的过程都记忆在我们的核酸中。有很多方面，可证实核酸也能够记忆。我们现在说大脑的记忆，就是心任物，感知到一些事物；脾藏意，经过脾加工叫作意；

最后把脾加工的东西保存在大脑中，我们叫作志。所以肾虚的人记忆力不好。

中医讲心藏神、肝藏魂、肺藏魄、脾藏意、肾藏志，神、魂、魄、意、志就是这么来的。魂与魄实际上是三魂七魄，神、意、志，神指的是心“任物”，心任物到脾，脾进行加工形成意，加工之后保存下来，形成志，这就是我们心脾肾三脏的作用。

那么这与《心经》有什么关系呢？“所以任物者谓之心”，心脏就像放电影胶片一样，要做到心无挂碍，就是这些东西形成的感觉在我们心脏之中不留下痕迹。虽然我们能感受光线的刺激，能感受食物的刺激，能感受空气中的刺激，但是它们在我们的心脏之中不留下痕迹，这叫作心无挂碍。只有心无挂碍，才能做到“无挂碍故，无有恐怖，远离颠倒梦想，究竟涅槃”。那么怎么做到心无挂碍呢？关键是要去观。心有挂碍我们叫作念，有念想心就有挂碍。如果你去观，站在旁边看，就能够做到心无挂碍。当你去观的时候，一念不生，那么就能打破从任物到所忆到所存的过程。我们讲了正常人是“任物者谓之心”，形成感觉，然后“心有所忆”，进行加工形成我们的意识，然后“意之所存谓之志”，形成我们的志。任物、所意、所存是三部曲，感知、加工、记忆，也就是我们的感知、思考、记忆。这个过程中从感知为什么到思考？因为我们有念，只有我们一念不生，我们去观，才能做到心无挂碍。如果心不任物，后面就没有心之所忆，也就没有意之所存。

感知、思考、记忆，其中思考是个中间过程，先有感知，后有记忆，中间有思考，起始的步骤是感知，最终的结果是记忆。感知是什么？心藏神。记忆是什么？肾藏志。心藏神、肾藏志，神和志合起来，就是我们讲的神志。我们讲少阴主神志就是从这里来的。《灵枢经·本神》这段话前面涉及我们的先天，“两精相搏谓之神，随神往来者谓之魂，并精而出入者谓之魄”，心藏神、肝藏魂、肺藏魄，神魂魄是先天的元神；后面讲的神意志，是后天的识神。

神魂魄是先天的元神，神意志这是后天的识神。你要想元神初显，就是道家讲的性光初现，那么要放下我们后天的识神，放下神意志。你想放下神意志，就要一念不生，就要去观。观和念两回事，观用的是先天的元神，念用的是后天的识神。你去观自在菩萨，就能做到一念不生，一念不生就心无挂碍，心无挂碍则无有恐怖，远离颠倒梦想，究竟涅槃。用什么去观？我们讲元神的特点是神光，它是一道光，它是一个光圈，也就是修行人讲的圆坨坨、白灿灿，也就是红炉白雪满天飞，这就是性光。用它去观，你就能够做到“无无明，亦无无明尽”，能让自己通体光明，没有黑暗。只有无无明，才能够做到“无苦集灭道”。什么叫作无苦集灭道？苦集灭道就是我们的轮回。这就是给大家讲的《灵枢经·本神》关于神魂魄意志的一些基本内容。

第六讲

“舍利子，色不异空，空不异色，色即是空，空即是色”，这是在说什么？在说“观自在菩萨行深波罗蜜多时，照见五蕴皆空，度一切苦厄”，照见五蕴皆空，空之后会起色，空中有色，出现七彩莲花，五彩光华等等表现。这些表现佛家叫作神通，会出现神通。

如何出现神通？《太上老君内观经》说“心明则道降，道降则心通，神明之在身”，心明就是照，照的时候心中有光明，“无无明，亦无无明尽”，所以叫作心明。无无明，心中有光明，心明则道降，道降了则心通，心通了，神明在身，就有种种神通。“所谓神明者，眼见耳闻，意知心觉，分别物理，细微悉知，由神以明，故曰神明也。”可以达到“眼见”——千里眼；“耳闻”——顺风耳；“意知心觉”——有意念就能够感觉；“分别物理”——能够看到现象背后的本质；“细微悉知”——能够查到毫发毛孔之类肉眼看不见的东西，这叫“由神以明，故曰神明也”。如何做到神明在身，“心明则道降，道降则心通，神明之在身”。什么叫作心明？“无无明，亦无无明尽。”如何做到神明？我们前面讲过一句话“澄光之照，睹夜如昼”，这就叫作心明。

“澄光之照，睹夜如昼”就无无明，亦无无明尽，这时就会出现种种神通。

要注意出现种种神通就会出现空中有色，空中现色，这个色是“色即是空，空即是色，色不异空，空不异色”。从道家的角度讲了两点。第一，“以无事为真宅，有事为应迹。若水镜之为鉴，则随物而现形”。“以无事为真宅”，镜子是真的；“有事为应迹”，你看到的东西是假的，是光影；“若水镜之为鉴，则随物而现形”，它就是一面镜子，一潭湖水，因为你心里有东西，你念起，所以才现形。“若定中念想，多感众邪。妖精百魅，随心应见。所见天尊，诸仙真人，是其祥也”。这是讲入定的时候，你的念想多感，你的念起来了，出现两种情况。第一种，“多感众邪，妖精百魅，随心应现”，我们叫作修炼中走火入魔，引入魔道。因为你念起来之后，念中有恶念，自己的恶念出来了，会导致众邪妖精百魅，随心应见。第二种，“所见天尊，诸仙真人，是其祥也”，如果看见元始天尊、诸仙真人，这是“是其祥也”。定，在定的时候，定就是那面镜子。观，观之后，如果有念，会“有事为应迹”，定则“以无事为真宅”，它就像一面镜子一样，“随物则现形”，就会出现形状。道家的圆光术就是这个道理，而佛家讲的“色即是空，空即是色，色不异空，空不异色”，就讲这里。这种状态下，已经进入了佛家的禅定状态，而佛家的禅定状态在道家讲的是恍惚。

“道之为物，惟恍惟惚，惚兮恍兮，其中有象，恍兮惚兮，其中有物”（《洞玄灵宝定观经》），恍惚状态之中，其中有相，其中有物。“其中有相”，相是什么呢？“以无事为真宅，有事为应迹”，事就是物，应迹就是相。“若水镜之为鉴，则随物而现形”，形象，形就是相，所以进入恍惚状态就合道了。“惚兮恍兮，其中有相，恍兮惚兮，其中有物”，就是空中有色，色与空是什么关系？“色不异空，空不异色”，两个是一回事，所以叫作“色即是空，空即是色”。

道家讲的恍惚状态，佛家讲的禅定状态，在心理学上怎么讲？一共有三种状态，第一种状态就是我们正常人的有意状态，我们的意识。我们先讲一下心理的过程。人心理的过程包含了知、情、意，认知、情感和意志，这是心理的基本过程。从认知方面来讲，包含感知、思维和记忆。感知包括感觉和知觉，冷热触动就是我们的感觉；知觉是对事物形成的综合判断，各种感觉合在一起就是知觉。比如，有一个柜子，白色的，方形的，木头的，摸起来感觉怎么样，这些总体的判断就是知觉，知觉是感觉的综合。感觉包含眼耳鼻舌身意，给我们形成感觉，所以我们叫作感知。接受外界信息的刺激又感知，叫任物。“所谓任物者谓之心”，这是由心决定的，心决定我们能否感觉到。比如，二人世界你爱她到极致，拥抱着她的时候，地球都不存在了，你眼中啥都感觉不到了，旁边在放炮、在开枪，你都听不见，这是心不任物。如果心不任物，会导致感觉缺失。有的人眼睛明明是好的，突然之间盲了；有的人耳朵是好的，突然间聋了，这就是心不任物，心不任物就是没有感知。所以“所谓任物者谓之心”。“心由所忆谓之意”，就是思维，感觉之后要进行思维，要思考加工。比如，你的眼睛看到一个人恶狠狠地盯着你，这个感觉是光线的刺激，通过光线的刺激在头脑中成像，看到这个人凶狠地盯着你，这时你就想，哦，去年欠他的钱没有还，你就在思维。“意有所存谓之志”，你思维的东西记下来、保存下来，写入大脑，这个叫作志，就是记忆。所以，我们的认知过程就是感知、思维、记忆。当然在感知、思维、记忆中，伴随着我们的注意力。因为我们注意力关注一件事情，全身心地去做，就把其他事情忘了。你在看书的时候，虽然外面在打仗，你不知道，你的注意力都在书上。注意力伴随我们整个感知思维记忆的过程。这就是我们认知的过程。

认知的过程伴随情绪和情感。所谓情绪，今天开心，明天悲伤；所谓情感，爱他爱到一万年，恨他恨到咬牙又切齿，这是你的情感。第三就是意志，什么叫意志？有人做事情做不成，就说“哎哟哟不行，我弄不了，我不行”，还有人不到黄河心不死，不撞南墙不回头，失败九十九次，认为第一百次有可能成功，那就是意志力。知、情、意就构成了我们基本的思维活动。由知、情、意构成的我们基本的心理过程。这就是我们的意识。从心理学上，我们人有意识与潜意识。我们的心理过程是意识支配的，但是意识背后是潜意识。那么，我们有三种状态：觉醒，睡眠与恍惚。觉醒的时候有意识，睡眠时你没有意识，恍惚状态介于睡眠与觉醒之间。恍惚状态，比如道家的修真，“道之为物，唯恍唯惚”；

佛家的禅定，“色不异空，空不异色，色即是空，空即是色”，这也是恍惚状态；还有气功，也进入恍惚状态；在宗教仪式中，大家一起念念有词，精神不自主了，也是恍惚状态；附体，神婆请神，也是恍惚状态。所以，修真本质是进入了恍惚状态。他使我们的脑电波处于清醒状态 β 波、睡眠状态 α 波之间的 δ 波，即恍惚状态。这就是修真的本质。而在恍惚状态中，可以从神上得到极度愉悦的体验，从形上身体功能得到极度的修复。这种修复的能力，远远强于睡眠，神上愉悦的体验也远远强于睡眠。

第七讲

“不生不灭”，我们从四维连续刚性时空的角度跟大家讲述生和灭的关系（图 1）。图中 x 轴、y 轴、z 轴，这是我们感受到的三维空间。牛顿力学是绝对时空，时间和空间是分离的；相对论是连续的时空。我们跳出四维时空去看，A 点是生，是一个生命体诞生的时候，B 点是灭，一个人死亡了。在他灭之前，他的生殖细胞与另外一个个体 A′－B′的生殖细胞授精了，受精之后，又产生一个个体 A″－B″。新产生的个体也有 A″点－B″点，从诞生到灭亡。新个体的生殖细胞出来，又跟另外一个个体 A‴－B‴的生殖细胞授精，又产生一个个体 A⁗－B⁗。

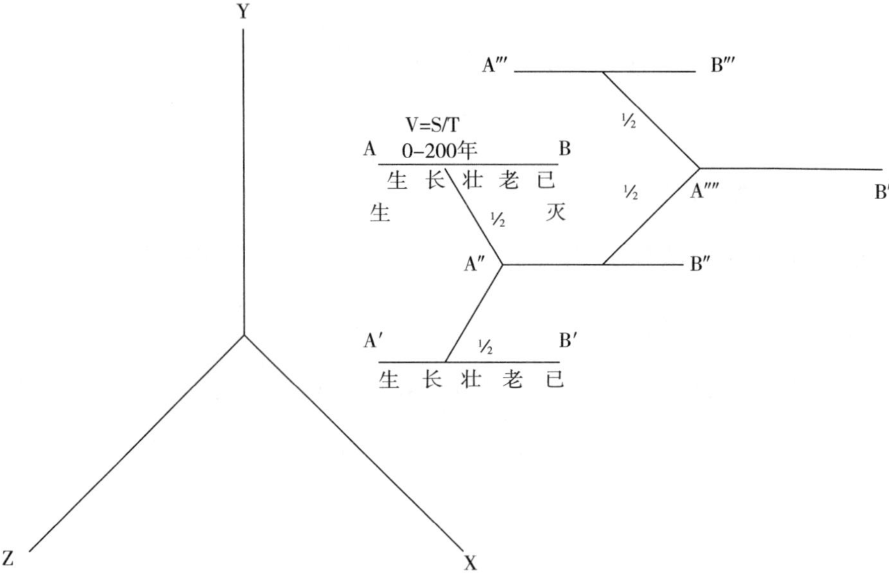

图 1　连续的时空

这个人的 A 点到 B 点是生和灭，中间是时间。时间有多久？0 到200 年，不超过300 岁。人的自然寿命，根据哺乳动物的生殖周期来类推，大概是 200 年上下，有的说是 200 多年，有人说不到 200 年。这就是 A 点到 B 点的时间。而我们跳出地球去看，时间由 A 点到 B 点的过程，就是生和灭。在生和灭之间，他的生殖细胞出来。这个人（A – B）的生殖细胞具有 1/2 的遗传信息，跟另外一个人（A′ – B′）的生殖细胞精子或卵子相授，此人的生殖细胞也具有 1/2 的遗传信息，形成一个生命个体（A″ – B″）。而这个个体（A″ – B″）的 1/2，又跟另外一个个体（A‴ – B‴）的 1/2 形成一个新的生命（A⁗ – B⁗）。这个过程，就是不断的生和灭的过程。

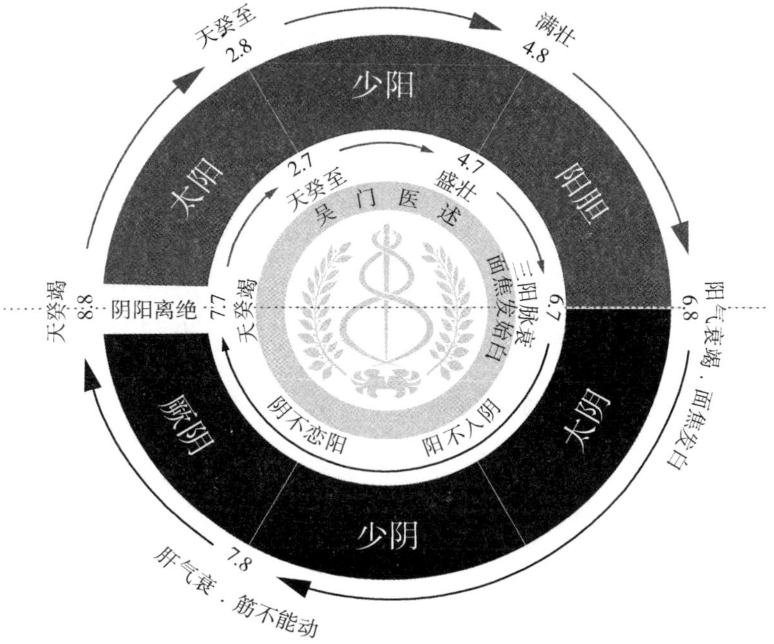

图 2　六经生化图

这个过程是怎么样的呢？我们讲了六经化生（图 2），从诞生开始到二七（女为七）、二八（男为八），是太阳；二七、二八到四七、四八，是少阳；四七、四八到六七、六八，是阳明；六七、六八到从七七、八八，这是三阴。人的生殖能力最强的时候是在四七和四八，也就是 30 岁上下，这是人生孩子最好的时机。女性 28 岁，男性 32 岁，这是《黄帝内经·上古天真论》讲的盛壮和满壮。当机体处于盛壮和满壮的时候，恰恰正是生殖能力最强的时候。当生殖能力最强的时候，最适合于生殖的时候，是最壮的时候。“物壮则老，是谓不道，不道早已”。诞生是生，是太阳；二七、二八是长，是少阳；四七、四八是壮，是阳明；接下来开始老，从四七、四八就开始衰老了；最后是已，阴阳离决，死亡。人的衰老始自于四七、四八，三十岁左右；到了阳明，五七三十五、五八四十就面始焦，阳明开始衰了；到了六七、六八，三阳衰；然后进入三阴，三阴的衰是生殖系统快速的撤退，也就是说六七四十二、六八四十八以后，生殖系统快速的撤退，一直到七七四十九、八八六十四，男女生殖系统功能衰退，不再具备生殖能力；最后就是老了，躯壳衰老最后死掉了。

所以，当生殖最佳年龄的时候，就是壮的时候，就决定了他要灭。当生殖系统的功能延续以后，就是他灭的时候。实际上，人什么时间可以进行生殖？从二七、二八生殖系统开始发育，女子月经，男子遗精，就是十四、十六岁到六七、六八，也就是少阳到阳明，这一段是适合生育的。而最佳的生育年龄是四七、四八，此时壮，“物壮则老，是谓不道，不道早已”。这个时候的生殖能力也在开始撤退。

反映到人的这根线上（图 1）讲，A－B 之间有生长壮老已，正常情况是壮年生孩子，当然这个时间可以提前或者推后。然后另外一个个体（A′－B′）的生长壮老已，壮年生孩子，诞生了新的生命（A″－B″）。在生长壮老已的过程中，长是从二七、二八开始到老（七七、七八），这个过程是生殖周期，整个生命的过程是生命周期。换言之，我们看图 2，完整的一圈是生命周期，而生殖周期是二七、二八开始到七七、八八。七七、八八之后衰老了，完全靠厥阴维持生命。图中七七、八八之后显得很短，因为每个人的年龄不一样，没法画长。生殖周期在人的生命周期中占多少呢？女性十四岁到四十九岁，占了三十五年，男性十六岁到六十四岁，占了四十八年。人“度百岁而去”，其中男女寿命的三分之一、二分之一是生殖周期，大部分时间是非生殖周期，也就是非育龄期的男性和女性。反映在了图 1，A′－B′长－壮之间是生殖周期，生－已之间是生命周期，生命周期是个体的生和灭。生殖周期是下一个个体生的时间。当下一个个体诞生（A″－B″），又进入到生命周期，又有个体的生和灭。

为什么还可以不生不灭呢？老子说：“天地之所以能长且久者，以其不自生，故能长生。”要不灭，首先要不生。这是什么意思？如果您的这套底层代码，要想在身体内有序存在，首先它不能够传递下去。这话在讲什么？在讲道家的“斩赤龙，断白虎”，也就是女子不月，男子不射，失去生殖功能。第一步要炼精化气，马阴藏相，生殖系统萎缩，失去生殖功能，精化为气，这就没有“生”了。气化为神，炼气还神，没有“化”，然后炼神还虚，粉碎虚空，不生不灭。出家人原则上对性生活是禁止的，当然还有双修等，很复杂。总体上讲，如何做到不生不灭，体现了一个生和灭的过程。

我们放在一个四维的空间去理解生命（图 1），X 轴、Y 轴、Z 轴构成三维的空间，加一个刚性的时间，从 A 点到 B 点是时间，这就构成了一个刚性的四维时空。A 点是生，B 点是死，生之中孕育着死，出生就注定要死，死之中孕育着生。

我们跳出四维的刚性时空去理解生命，会看到别样的生命。X 轴、Y 轴之间的图，如果把时间进一步延长，那就是生命的进化树。整个生命就是不断地做 DNA 的交换，这套 DNA 不断地交换，不断地优胜劣汰，导致遗传代码不断地演进，不断的进化，这就是我们生命的进化树。从单细胞生物到多细胞生物，到高等生物，再到人，人还在不断地进化，这就是生命的进化树。我们这些生命，放在时间的长河，跳出四维刚性连续时空来看，你仅仅是生物进化的一个工具而已。换言之，仅仅是这套底层代码 DNA 不断延续进化的工具。首先要延续，从一个个体传递到另一个个体，再传递到另外一个个体。其次，你的体内实际是两套 DNA，这两套 DNA 只能选一条与另外一个个体的 DNA 进行杂合，产生新的个体。如果杂合是失败的，这个个体就早早死掉了。如果杂合后的底层代码 DNA 是优秀的，就延续下来了，而且不仅是延续下来了，还获得了生殖优势，与更多的 DNA 去延续杂合，来完成物种的进化。我们仅仅是进化树上的一粒沙子、一粒尘埃而已。

这个进化树就是给我们编的一个路径，由我们的 DNA 来完成，而我们只是路径之中装载这套 DNA 模板的一个舍，一个皮囊。如果要摆脱这个命运，就要做到不生不灭。从道家的角度上讲，就要炼精化气，炼气还神。佛家直接从神开始，从性光开始，照见五蕴皆空。不论是道家还是佛家，最后都是斩赤龙，断白虎，都不再有生殖功能。下手的方法有不同，可以由下半身到上半身，也就是从地到天。也可以通过佛家直接修炼元神，所谓的“观自在菩萨，行深般若波罗蜜多时，照见五蕴皆空，度一切苦厄”，最终做到“诸法空相，不生不灭，不垢不净，不增不减”。

第八讲

若要深刻的理解“色不异空，空不异色，色即是空，空即是色”，可以借用道家的一个流派，叫作重玄派。重玄派在六朝到北宋非常兴盛。重玄派研究玄之又玄，这四个字来自《道德经》。《道德经》第一章讲“故常无欲以观其妙，常有欲以观其徼。此两者同出而异名，同谓之玄。玄之又玄，众妙之门”，这话深，大概什么意思呢？你在观道妙的时候，我们说形神俱妙，“常无欲以观其妙”，打坐的时候身体会出现各种反应，各种愉悦的反应，妙不可言，要无欲观之。形的变化我们叫道体，你的身体躯壳叫道体，要无欲观之，有形之体需无欲观之。然后，“常有欲以观其徼”，就是说守窍，守丹田，上中下都可以，有很多种法门。无形之窍是最终养你元神的地方，当然有可能不是最终，有可能是上丹田，有可能在下丹田开始，凝神入气穴，要有意守之。

无神之神需有意守之，所以叫“常有欲以观其徼”。无论是徼还是妙，无论是形还是神，无论是有意还是无欲都叫作玄，在玄之后还要出现玄，就叫玄之又玄，就叫重玄。玄的基础上再玄就叫重玄。这与《心经》有什么关系？大家看《心经》这一段：“观自在菩萨，行深般若波罗蜜多时，照见五蕴皆空，度一切苦厄。舍利子，色不异空，空不异色，色即是空，空即是色。”第一，观自在菩萨——观；第二，行深般若波罗蜜多时——定；第三，照见五蕴皆空，度一切苦厄——照；第四，色不异空，空不异色，色即是空，空即是色——慧，我们前面讲了舍利子是慧，慧光、元神。观定照慧，叫观照定慧也可以，但是这个过程是观定照慧。这又叫什么呢？叫作定慧双运，色空不二。就是首先你要入定，入定之后才能够见着慧光，就是舍利子，不入定舍利子是看不见的，你的元神是出不来的。你看见慧光的时候，你又要注意“色不异空，空不异色，色即是空，空即是色”。什么意思？如果不入定，不空，慧光不会出现，色没有，这是第一；第二，慧光出现了，你要无欲观之，就是说如果舍利子出现了，你执着于舍利子，“啊，一下子金花出现了，这挺好的”，跟着它走，它就消失了，这时元神就看不见了，舍利子就看不见了。为什么呢？因为元神必须在定的基础上出现，慧是在定的基础上出现。因为人有识神，有元神，定的时候，识神退位，元神主事，如果不定就有各种念头，各种念想，这个时候你的识神（后天的神）在主事，元神就退位了，我们叫迷云遮慧月，慧光就看不到了。所以，慧光看到的基础首先是定，定就是空，在空的基础上才会出现慧光、舍利子、元神，叫作色，这是第一；第二，有色之后，你要不执着与色，如果你一个念想跟着元神走，“啊，金花出现了”，跟着它走，马上它就消失了。为什么？一旦你有念想，你就出定了，就没有空了，没有空就没有色，

《黄帝内经》讲“神在天为玄”，就是元神要出现。如果元神出现，“观自在菩萨行深般若波罗蜜多时，照见五蕴皆空”之后，“舍利子”——元神就出现了，这个境界我们就叫作玄。但是，单是看到你的元神、看到你的慧光这不叫得道，见光不叫证道。怎么才能够证道呢？证道是你元神出现以后，还要进入下一个境界，玄之又玄的境界，元神出现之后叫作有我，那个元神就是你的真我、你的真人。但是，它受制于你的躯壳，因为人死了，元神就离开了，它必须要在躯壳的限制下才能够活动。那你要想元神离开躯壳，就要出阳神，把你的元神炼成阳神，就叫作“涤除玄览，能无疵乎”，一点阴气都没有。这个过程是佛家讲的“心无挂碍，无挂碍，故无有恐怖，远离颠倒梦想，究竟涅槃”。也就是说第一步要找到“我”，第二步要“人天混成，物我两忘”。“人天混成，物我两忘”最终才能出阳神，这就是在玄的基础之上，进一步进入玄的境界，这就叫作重玄。

第一步玄，找到你的元神，那是玄关出现，道家讲的玄关，有一个关口是人与神沟通的关口。玄关不在人身上，也不在人身外，到了一定境界你就知道了。有了这个玄关就可以通玄，通玄

就是通神，或者说你可能有一点神通，这是修行的副产品，没什么值得关注的。这就叫作玄，然后在这个基础上人天混成。在这个基础上人天混成之后，玄关会消失的，因为没有我和大自然的界限了，物我两忘，合二为一了。最初是有我，叫作“夫物芸芸”，你要“万物并作，吾以观复”。“夫物芸芸，各复归其根，归根曰静，静曰复命”，突破时空，进入流光世界，可以去看万事万物的变化。这是你的元神可以达到的境界，但是下一个境界你要人天混存，物我两忘，无形无相，这需要进入重玄的境界，最终才能够涅槃。你找到你的元神，有可能你的玄关出现了，你可能知道一点其它什么事情啊，人家觉得你好像是个高人，最后还是要死啊，因为不能够出阳神，不能进入重玄的境界。

若要进入重玄的境界，一定要记住，有欲之人，就是佛家讲的欲界的人是没有自我的，他的自我是跟着欲望走的，跟着后天的识神走的，必须要入定，识神退位元神才会出现，这就是第一步进入玄境。有欲之人执着于有，不能空，无欲之人进入入定以后，又容易执着于无，如果执着于无，元神也不能出现，那就是亡空。有欲之人执着于有，他被外部的世界所左右没有自我，这就叫假人。《上古天真论》讲真人，普通的人是假人啊，他觉得他是人，别人一看他跟行尸走肉差不多。普通的人执着于有，什么都放不下，但是修行的人又执着于无、执着于空，执着于空是亡空。因为执着于空，只有在真正的空达到真空大定的时候，元神才会出现，就是无中会生有，就是我们人的元气从虚无中来，无中就会生有。如果执着于亡空，这个有就不会有，就不会出来。所以，叫作色空不二。这就是修行之人的弊端，他执着于有，元神出来以后，他进入玄境了，又执着于元神，这个元神就是我、真人、真我，他就做不到人天混存，物我两忘，又不能把我给放下。只有把我放下，把真人也放下，最后才能够出阳神，才能够什么成仙或成佛。

所以，从一个假的人，一个没有自我的人，变成一个真的人，找到自己的人，最后变成一个能够出阳神的成仙成佛的得道的人，就有由我们普通人的世界，到玄的境界，再到玄之又玄的境界，就是重玄的境界。而这个境界，就是佛家讲的从欲界到色界，出现舍利子，玄关出现，元神出来了，慧月也出来了，一轮明月耀天心，这都是在说一个东西，这是道家讲的玄。到这个境界，你再放下，再把这些法放下，把舍利子放下，然后“诸法空相，不生不灭，不垢不净，不增不减，是故空中无色，无受想行识”等，《心经》做了种种的描述，就是要告诉你舍利子也要放下，真正进入无色界，才能够“心无挂碍，无挂碍故，无有恐怖，远离一切颠倒梦想，究竟涅槃”。“一切”，日本的《心经》版本有这两个字。究竟涅槃，那就是进入了第三个境界叫无色界，得道，这在道家叫作重玄，也就是《道德经》讲的玄之又玄。

诸法空相第三

舍利子，是诸法空相，不生不灭，不垢不净，不增不减。是故空中无色，无受想行识，无眼耳鼻舌身意，无色声香味触法，无眼界，乃至无意识界。无无明，亦无无明尽，乃至无老死，亦无老死尽。无苦集灭道，无智亦无得，

第一讲

接下来讲“诸法空相”。“舍利子，是诸法空相，不生不灭，不垢不净，不增不减，是故空中无色，无受想行识，无眼耳鼻舌身意，无色声香味触法，无眼界，乃至无意识界。无无明，亦无无明尽，乃至无老死，亦无老死尽。无苦集灭道，无智亦无得。”这一段的核心是讲诸法空相。

“舍利子，是诸法空相”，这里又出现了一个“舍利子”。《心

经》的语言是极其简练的，正文二百六十个字，居然出现了两个“舍利子”，这在说什么？“舍利子”是对应后面的“究竟涅槃”，就是高僧涅槃之后所留下来的灵骨。没有涅槃就没有舍利，所以舍利子代表涅槃。

什么是涅槃？涅槃就是圆寂灭度，圆寂灭度就是肉身没有了，但是人度过去了，度过苦海，到达“波罗”，到了彼岸。这就是我们讲的涅槃，或者寂灭。寂是指寂静，一念不起，我们说缘起缘灭。一念不起，然后肉身消失了，进入空相，肉身没有了。然后“度”，从苦海到了波罗彼岸，不再受轮回之苦，这是一个圆满的过程，所以既叫圆寂，又叫灭度，又叫寂灭，这是从不同的侧面来形容。

这个过程中留下什么？留下舍利子，所以舍利子代表涅槃。因为我们修行的结果“般若波罗蜜多”，就是要求我们涅槃，也就是度过去。佛教有小乘和大乘，就是乘船的意思，四川话念乘（chèng）。因为你在苦海之中，乘小船和大船，小船把自己载过去，到达“波罗”彼岸，那是小乘；坐大船，把大家都载过去，到达“波罗”彼岸，那是大乘，那就是普度众生，就是渡人和渡己。不管怎么样，最终结果都是叫涅槃，留下舍利子。

怎么样才能够涅槃呢？后面就讲了“是诸法空相”，就是所谓的法是空相，空即是相，相即是空，空和相是对立的。相，我们眼睛看得见的是相，看不见的是空，而空是相的一种，白色就是没有颜色，也可以是一种颜色。零是没有，零也是个数字，所以“诸法空相”。那么相也是空，你看的见得东西，都是由看不见的东西组成。

这个在《金刚经》里说“法非法，非非法”，我们所谓的法，它都不是法，而你也不能说它不是法。这也是《道德经》讲的“道可道，非常道，名可名，非常名”。再说得更直接一点，《金刚经》说：“一切有为法，如梦幻泡影，如露亦如电，应作如是观”。这就是我们看到的有为之法，那是梦幻泡影，水中月，镜中花，如天上的露，天空中的电，应作如是观，就是应该这么去看它。这里就把法分成了有为法和无为法。

佛家直接从性入手，明心见性。用的办法是观照，观就是在旁边看，连念都没有，就在旁边看，用性光去照，“照见五蕴皆空”，他是无为法，所以“诸法空相”。而且他批评有为法，他认为“一切有为法，如梦幻泡影，如露亦如电”，都是虚幻的。但是道家不一样，道家的法，是有为法。

那是不是道家就不对呢？佛家用观照，道家用搬运。他搬运什么呢？他炼精化气，把精化为气，精化为气肾精没有了，斩赤龙，断白虎，地道闭，就是月经和射精没有了。之后，练气还神，精是形，气是我们讲的形气神的气，再用气化来支付我们的元神，这是有为法。他讲大小周天、河车搬运，忙得很。佛家就说“一切有为法，如梦幻泡影，如露亦如电”。但是到最后他们又合一了，怎么能合一了呢？炼神返虚，粉碎虚空。当炼神返虚的时候，就已经是“诸法空相”。最后还有一步粉碎虚空，时空都消失了，我们的四维的时空就消失了，就羽化飞升。佛教讲涅槃，道家讲羽化。到最后留下的只有元神，而没有肉身或者气化。他的肉身可以留下舍利子，碎身舍利或者全身舍利，但是这个是没有气化的，元神不再依赖于任何东西而存在。所以最后度的是“般若”，般若是什么？智慧、元神，元神度走了，肉身留下了。为什么？因为肉身受底层代码的控制，寿命是 1 ~ 300 年。他就像一辆车、一个宅子，这个宅子迟早要坏的，房子久了是一定要坏掉的，而元神就是住在这个宅子里面的。元神从苦海到达彼岸之后，这个宅子就不要了。这就叫涅槃或者叫羽化，可以留下全身舍利或碎身舍利，也可以叫虹化，极度的缩小，乃至消失，也可以叫道家讲的羽化，化作一缕青烟。

我们在《内经发挥·阴阳七篇》的课程中专门讲了《阴阳离合论》，前曰广明，后曰太冲，两侧是显明。显明就是后半夜到天亮，由少阳厥阴所主，叫作一阳。少阳是一阳，一阳来复。大家都知道年轻男性有个特点，早上阴茎勃起，其实从后半夜开始就勃起，这叫作一阳来复，他是少阳。我们阳气发动的地方，行于身的两侧，络阴器。这是我们讲的显明，显明就是要亮没亮，刚刚开始显示光明，所以叫一阳。从厥阴到一阳，厥阴就是至阴后半夜，一阳少阳是太阳刚刚开始要出来，叫作显明。显明之后，或曰太冲，太冲下为少阴，上为太阳。太冲从尾椎骨一冲而起，通过我们的阳关穴、至阳穴、风府穴，到达百会穴，从督脉而上然后沿着任脉而下，到了身体的前面，前曰广明，然后再掉下来到肚子里面去，回到我们的气海。这个就是我们讲的小周天，打通任督二脉，也就是我们《阴阳离合论》讲的显明、太冲、广明。

《黄帝内经·阴阳离合论》讲的人体的这个关系，是有为法，是世间法，所以我们可用来治病。身体两侧的肝脏疾病，这是显明病。还兼有大便秘，前曰广明，合并了阳明病，怎么办？用大柴胡汤。如果肚子胀，脉搏没有力气，这是合并广明的太阴病。广明外为阳明，内为太阴，合并太阴，肚子胀，可以用逍遥散。后曰太冲，伴有腰疼，水不涵木，需要补补肾，可以用黑逍遥散之类的处方，加上熟地等。他就这么来治疗疾病的，这就是我们的广明诊法、太冲诊法和显明诊法。我们在伤寒研究中要专门讲这一门课，讲怎么去治广明病、太冲病、显明病。这是另外的一种诊断和治疗方法，也是六经辨证。六经辨证，一般是聚类法，把病分为阴病和阳病，阳病有三阳：太阳、少阳、阳明；阴病有三阴：太阴、少阴、厥阴。我们这个诊法分为广明病，太冲病，显明病。广明病有阴病、阳病，就是太阴、阳明；太冲病有阴病、阳病，对应少阴、太阳；显明病有阴病、阳病，对应厥阴、少阳。

这都是有为法，治的都是肉身，治来治去，一到三百年人就死了。这个肉身的底层代码 DNA 决定了肉身要坏。我们的 DNA 里面有端粒，这个端粒随着细胞的分裂增殖，不断缩短、不断缩短，最后启动我们人体的死亡。他是一个程序编码，即便我们人不病死、不战死、不饿死，这个底层代码最后也要启动我们的死亡程序。人死以后怎么办？人死以后，“色受想行识”五蕴里面的“我”，也就是那个“识”神，最后又到另外一个肉身上去了，那就是佛教讲的轮回。

那么，这个“识”怎么去到另外一个个体呢？这个“识”指的是底层代码一分为二，选择任意一条，构成我们的卵子。每个人身上一分二都是平均的具有精子或者卵子。精子与卵子受精，产生一个新的个体。这个为什么跟“识”、跟神有关系呢？因为我们一个人的精神意识，也是由基因底层代码所编定的。由于我们的 DNA 编码决定了人的脾气是好、是坏，思维方式狭隘、还是宽广，看待人看待事件的观念，都是受基因控制的。当然也受后天的影响，后天的教育也会影响我们对世界的看法。但是，在教育加之于我们人之前，底层代码编码了我们对事情的一些基本看法，使得人与人之间不一样。比如我们体质学说讲这个人是一个木型人，脾气暴躁，他生下来就是一个木型人的体质，他的底层代码就决定这个人的脾气很暴躁。再比如抑郁，这个人容易抑郁，看问题很悲观，这个有后天的影响，老是打击你、打击你，把你打击的悲观；也有先天的影响，先天的影响就是这个“识”，他的这个神到了一个新的个体。

“舍利子，是诸法空相”，他说的这个法是世外法，所以能够涅槃。这个法有什么特点呢？第一，“不生不灭”，就是他不死了。灭就是肉身要灭，就是这个肉身没有了。怎么才不灭呢？不灭的前提是不生，不生才不灭。老子讲“天地之所以长且久者，以其不自生，故能长生”，而《黄帝内经》讲“有不生化乎……惟真人也”，那就是得道的真人。为什么有生就有灭呢？因为有生，就有生长化收藏，就有生长壮老已，前面是生和长，后是老和已。生长和老已是什么关系？促进生长的因素，也是促进老和已的因素。这些底层代码在你的前半生促进生长发育，在后半生促进衰老和肿瘤的发生。比如说，决定我们胚胎发育的基因是原癌基因，壮老以后，这么原癌基因将驱动肿瘤的发生。前半生驱动细胞分裂增值，由生而长，又长而壮，后半生驱动你由长而老，由老而已，驱动你的死亡。所以，前半生对你有益的这些底层代码，往往在后半生都是促进你衰老死亡的底层代码（基因），有生则有灭，不生则不灭。

第二，“不垢不净”，就是没有污垢，没有干净。因为“照见五蕴皆空”就通透了，通体透明。通体透明之后是不是就很干净了？没有。通体透明之后，他就没有污垢了，没有污垢哪来干净呢？所以“菩提本非树，明镜亦无台。本来无一物，何处染尘埃”。

然后“不增不减”，增是增加。减是减少。你在达到禅定的时候，可以其身高大顶天立地，也可以其身缩小，变成一个颗粒，一个微尘，会出现这种种的感觉。有的时候，远远地看到像地球那么高大的身体；有时候，小的像指甲在空中飘。你看到的通体透明是没有的，你看到的真界是没有的，这就叫作“诸法空相”。

“是故空中无色”，就是你达到了真正“诸法空相”的时候，是“空中无色”的。我们前面讲了“色不异空”，你首先要达到“照见五蕴皆空”，“照见五蕴皆空”之后出现七彩光芒，白云朵朵，雪花纷飞，这就出现了“色”。先是“空”，然后出现“色”，然后告诉你“色不异空”。你再去观的时候，最后发现又进入“空中无色”的境界。“五蕴皆空”到了出现“色不异空”，再一步又是“空中无色”，这是三个境界。

“空中无色”就没有客观世界，“无受想行识”就没有主观意识。“受想行识”都没有了，那就没有“眼耳鼻舌身意，无色声香味触法”。“眼耳鼻舌身意”，就是我们讲的五官六尘。佛教分的很细了，这些感官，他的说法非常的多，分的非常细，大家如果不研究宗教的话，其实很多时候搞不清楚。但是没有关系，“无眼耳鼻舌身”，就是没有我们的感官，也就没有我们的感觉，没有视觉、听觉、嗅觉、味觉、触觉。没有感官之后就不能形成感觉，感官就是“受”——接受外界的刺激。“眼耳鼻舌身”就是“受”，没有感官之后不能形成感觉，他就没有“意”（就是我们的想）。没有感官之后，就没有我们的意识，就没有“受想行识”。由于没有我们“眼耳鼻舌身”的感官，他就没有“色声香味触法”，就闻不到、看不见。打坐极静状态的时候，不为雷声所动，外面在打雷闪电，他听不见；外面在打仗，他看不见，听不到。

当听不到、看不到的时候，这个客观世界还存在吗？从唯物主义的角度讲是存在的，但是如果我们进一步去研究，它其实是不存在的。我们讲过一个人在电梯里面拿着一个乒乓球，他看到的这个乒乓球没有动，在电梯外看到乒乓球在做升降运动，在地球外看到乒乓球在做什么？在做一个波的运动。你看到的物质世界，完全是由于你的主观意识决定的。而且用物理的法则去做运算，在这个匀速的电梯里面，这个乒乓球完全没有动。你站在电梯外，这个乒乓球在做上下运动，牛顿力学用另一套运算法则算出来，也是没有任何问题的，它不外乎做一个垂直的运动，也完全不违背我们的物理规律。站在地球外去看这个乒乓球在做波的运动，你用牛顿力学的原理去做运算，用另外一套定律去运算，也是完全不矛盾的。同一个事物，你可以用牛顿力学中完全不同的定理去算，算出来都正确，没有问题。所以当"无色声香味触法"时候，"无眼界"。什么叫"无眼界"？看不见外面的世界，没有客观世界的存在。"乃至无意识界"，没有主观自我。

然后呢，出现"无无明，亦无无明尽"。"无明"就是黑暗，佛家不讲黑暗，他认为这个世界上没有黑暗，什么是黑暗？黑暗就是没有光，没有光明，有光它怎么会黑呢？所以佛家把黑暗叫作"无明"。这两个有本质的区别，正因为"无明"，你给它光它就亮，如果它是黑，给它光它都不亮。为什么人内心有阴暗的地方？因为我们内心没有光明，所以我们内心有阴暗。这个地方，就是我们心里要有一盏灯，心里这盏灯照得我们通体透明，就是"五蕴皆空"——通透。

心里这盏灯是我们的少阴君火，"阳气者，若天与日，失其所则折寿而不彰”，主要是用桂枝。奇经八脉的阴维脉就包络着我们的心脏。阴维为病苦心痛，包络着我们的心脏。全身的阳气出于瞳孔，周行全身，离躯体大约 0.5 厘米的范围就是阳维，就是我们的太阳，如天上的太阳。外面的阳维是从哪里来的？是从阴维来，阴维的阳气上升出于瞳孔，周行全身。由于你阳气不够，阴霾自生，就叫“无明”。阳虚的人，你看他的面色青灰，步履畏缩，他阳气不够。这个时候我们给他点灯，用什么？用桂枝。

那么《心经》说“照见五蕴皆空”，一身通透之后，就没有“无明”，就没有黑暗。问题是他没有黑暗，就没有“无明尽”呀。什么叫没有“无明尽”“无明”就是黑暗，黑暗的尽头就是光明，也就是说没有黑暗也没有光明。因为你已经通透了，你所在的、所知的全部都是光明，在没有黑暗的情况下，其实是无所谓光明的。这就是讲的“通透”。通透是不着光的，通透是没有黑暗的，有黑暗不叫通透。而通透是不着光的，光一照就过去了，没有东西。他在说什么？他在说“不垢不净”，所以叫“无无明，亦无无明尽”。

前一段讲“空中无色，无受想行识”，没有五蕴了。因为没有五蕴了，所以没有“无眼耳鼻舌身意，无色声香味触法”，六根六尘都没有啦。六根是我们的感官和意识，六尘“色声香味触法”都没有啦。所以“无眼界，乃至无意识界”，就是外界的客观世界和主观自我都没有啦。没有五蕴导致什么呢？没有六根六尘——外界的客观世界和主观自我。这个时候你就达到“无无明，亦无无明尽”通透，产生“不垢不净”的状态。“不垢不净”之后就“乃至于无老死，亦无老死尽”。“无老死”，就是你不会死掉、不会灭；“亦老死尽”，你就不生，没有老死就是生，既没有老死，也没有不老死，就是“不生”。他在回答前一句话的“不生不灭”。

前面讲了“无眼耳鼻舌身意，无色声香味触法”，那是指的无形，就是没有这个躯壳，这也就是《黄帝内经》讲的“无形无患”，他没有躯体所以他就没有患。没有什么患？没有病患。什么叫作病患？“苦集灭道”，就是《心经》后面讲的“无苦集灭道”。无形无患，然后不生化，不生不灭，也就是讲的“乃至无老死，亦无老死尽”。无形无患、不生化，无形无患“形”没有了，不生化“气”没有了，最后只有神。而且这个神的“意”，就是我们的意识都没有，只留下什么？只有神的“般若”，智慧、元神还在，你后天的意识都没有了。

“乃至无老死，亦无老死尽”，后面就是“无苦集灭道”。“苦集”，你看各种痛苦，在苦海里头，生命是非常痛苦的。“灭道”就是要轮回，你肉身消灭，你的智、你的神要到另外一个肉身去延续，这叫轮回啊，在苦海里面轮回啊。所以它是一个“灭道”，既然有“灭道”，你就有生离死别，有肉身的痛苦，有精神的痛苦，你的肉身和精神都会感受种种的痛苦。病患之苦，那个是我们中医来解决，而精神的痛苦，则是我们宗教关注的地方。所以在苦海，你要感受苦和灭，既痛苦又会轮回。

到“乃至无老死，亦无老死尽”的时候，你就“无苦集灭道，无智亦无得”。“智”指的是智慧，“得”是得到。“舍利子”就是讲舍得，舍弃肉身而留下舍利。“无智亦无得”后面一句话跟它相应，“三世诸佛，依般若波罗蜜多故，得阿耨多罗三藐三菩提”，他在说未来佛、过去佛和现在佛，就是三世的佛，来世、前世、现世的各个佛，都是依赖“般若波罗蜜多”，就是我们的《心经》，依赖我们《心经》修行的秘法，“得阿耨多罗三藐三菩提”。“阿耨”，“阿”是无的意思。“阿耨多罗”，“耨多罗”指的是上，就是无上正觉。“三藐”，“三”是多、是大的意思，“藐”是正，结合起来是正大、又正又大。“三菩提”，菩提是智慧，“三”是多的意思，就是很多的智慧。“得阿耨多罗三藐三菩提”，就是得到无上正等正觉的智慧。这就在说什么，就是说得到了大智慧、觉悟了，也就是说他能够涅槃成佛。因为佛，其实就是智慧，留下的就是那一点元神。

前面讲“无智亦无得”，后面讲“究竟涅槃”。下面就要讲涅槃，涅槃的时候就留下了元神。你要想留下元神，要“无得”，要放下。这一段“诸法空相”在讲什么？在讲“舍利子”，就在讲涅槃。“是诸法空相”，就是你要想涅槃啊，诸法都是空相的。法非法，非非法，是名法；道可道，非常道，是名道；名可名，非常名，也就是“一切有为法，有如梦幻泡影，如露亦如电，当作如是观”。

中医的世间法治的是肉身之病，道家的法也是练的肉身。中医从广明、太冲、显明治疗疾病。道家的河车搬运从显明发动，然后从太冲，少阴沿太冲而上，上至太阳到百会，从印堂而下，经广明再入气海，这是小周天。这些都是有为法，不过道家是从有为到无为，炼精化气，然后元神返虚，粉碎虚空，羽化飞升。他是从有为开始入手，最后修到无为，也是空相。最后“不生不灭”，他就不轮回了，没有死亡；“不垢不净”，一体通透，没有污垢和干净；“不增不减”，就没有身体的至大和至小，寿命的至长和至短。说明什么？时空没有了。至大、至小那是空间，至寿、至短那是时间，时空才有长短大小。“不增不减”，没有时空了，也就是突破了四维的时空。道家讲粉碎虚空，讲“虚空”，佛家讲“空相”，其实说的都是一样的。

“是故空中无色”，如何做到“空中无色”？首先要“五蕴皆空”，“空”以后出现“色”，“色不异空”；“色”以后又是“空”，“空中无色”；然后“无受想行识，无眼耳鼻舌身意，无色声香味触法”，就是没有外界的客观世界和主观的自我，没有六根、六尘；最终达到“无眼界”，看也看不见；“乃至无意识界”，没有了意识。外界的客观世界和主观的自我都没有了，这时候才会出现“无无明，亦无无明尽”，就是要达到通透。通透以后没有黑暗，没有黑暗那就没有光明。“乃至无老死，亦无老死尽”，达到不灭的状态下，就不会有老死，没有老死也就没有生，就没有老死尽。“不生不灭”，不灭就不生。因为“不生不灭”，你就没有“苦集灭道”，你就没有种种轮回的痛苦。最后什么呢？“无智亦无得”，所谓的大智慧都是不存在的。

回过头去讲第一句“观自在菩萨”，要求你去“观”。你就是一个旁观者，不存在地看。“菩萨”是什么？“菩提萨埵”的简称。“菩提”是智慧，它是音译，它的原意是讲觉悟、智慧。“萨埵”是真实的意思，只有智慧才是真实的，存在的只有你的智慧、你的觉悟，也就是你的神。而智慧和觉悟的真实存在就是菩萨，“菩提萨埵”简称菩萨。这个智慧、觉悟的存在，这个“萨埵”存在，“萨埵”的存在就是“无得”，就是不存在；“菩提”是智慧，“智慧”的存在就是“无智”，你充满着智慧、觉悟的时候没有愚昧，没有愚昧当然也就没有了智慧，就是“无智”。当你“菩提萨埵”以后，智慧存在了以后，没有不存在、没有虚幻，那也就“无得”，也就没有存在。这就是“无智亦无得”，就是我们讲的“诸法空相”。

第二讲

我们再来从中医的角度看看“眼耳鼻舌身意”的问题。《金匮要略》：“论曰：百合病者，百脉一宗，悉致其病也。意欲食复不能食，常默默，欲卧不能卧，欲行不能行，饮食或有美时，或有不用闻食臭时。”闻，那就是鼻，“饮食或有美时”舌、意都有了。还有什么？身——“欲卧不能卧，欲行不能行”。他鼻舌身意都出毛病了，这是什么病？百合病。“如寒无寒，如热无热，口苦，小便赤，诸药不能治，得药则剧吐利，如有神灵者，身形如和，其脉微数。”为什么如有神灵呢？因为神不守舍。用什么方呢？“百合病，不经吐、下、发汗，病形如初者，百合地黄汤主之”，治的是神不守舍。我们说人有形气神，就是有我们的形质——眼耳鼻舌身意，色声香味触法，就是六根六尘，这是我们的形质，就是我们的躯体。而我们的神呢，居住在我们的躯体里面。我们躯体就是一座房子，前曰广明，房子就前面就是一个广明，后曰太冲。如果这个宅子不够好，那么就会导致神不守舍。这个时候我们要复形质，治他的躯体，代表方是百合地黄汤、黄连阿胶汤，都是复形质的，使神来守这个舍。道家就是炼精化气、炼气还神，就是用肉身来养元神。道家是从有为法开始，最后到无为法，我们中医也是这个原理。这就是我们讲的百合地黄汤、黄连阿胶汤。

当然了，这个形与神的关系很复杂。神既可是神不守舍——房子不好，我们去盖房子。对吧？我们打地基、砌砖、码墙、上瓦，盖房子。还有可能是我们的神不好，就是我们的神不够明。“阳气者，若天与日，失其所则折寿而不彰”，我们的神不好，我们怎么办啊？我们就直接去炼他的神，就是佛家讲的“观自在菩萨，行深般若波罗蜜多时，照见五蕴皆空，度一切苦厄”，直接用神去“照见五蕴皆空，度一切苦厄”。你要照，得要有光。怎么办呢？我们去扶阳。我们用桂枝甘草汤治他的心有挂碍，亡阳惊恐，颠倒梦想。独行狂语，我们用防己地黄汤，用桂枝去配地黄。脉微细、但欲寐，我们用麻黄附子甘草汤。这些都是什么呢？这些都是温阳气的办法，治他的神。百合地黄汤和桂枝甘草汤这两个处方是相对的，一个修形质，来安他的神，一个是温阳气，来用他的神“照见五蕴皆空”，“无无明，亦无无明尽”。大家可以去想想，我们的中医和《心经》的一些关系。

这里讲道“无无明，亦无无明尽，乃至无老死，亦无老死尽，无苦集灭道。”“苦集灭道”，就是说“灭”本身是一个道。我们讲“六道轮回”，“灭”就是一个道。只是，死是必然的，生才是偶然的。人都得死，形气神最后要相分离，“阴阳离决，精气乃绝”。形气神一定要相分离，这就决定了常人是不可能永生的。我们医学的目的就是为了让人活的更久。从道家来讲，为了让人活的更久，有三个代表性的处方。

一是太乙洗髓膏。这是我们无门的验方，复形质，大补元气，填精、补气、复形质，峻补真元，打通奇经八脉，延年益寿。但是用这个医学的办法，他仍然是泥坏，只能延长寿命，并不能让他长生不老。

第二个道家的秘方太乙陷冰丹，那是孙思邈的太乙神明陷冰丹。太乙陷冰丹治什么病呢？治疗神志的病。也就是说，太乙神明陷冰丹治人的精神系统的问题，他实际上是神不守舍。哪怕他长肿瘤啊、长包块啊，他经常噩梦纷纭，到了晚上就到处跑，可以用孙思邈的太乙神明陷冰丹。

还有一个是调气化的方剂是太乙紫金锭。这种人表现为上吐下泻等，可以用太乙紫金锭。这都是我们道家的方。

形气神是相互影响，形不好的，神也不好。“少阴之为病，脉微细，但欲寐也”，精神也不好。神不好的，日久他形质出问题，长包块、长肿物。还有气化，气化也会影响形，也会影响我们的神。脾气虚的人、中气下陷的人，少气懒言、无神，对吧？然后气虚日久，营养不良，也会导致形体酸削、面白皮削，“面色薄，酸削不能行”。他是相互影响的，各有侧重。由此衍生出我们道家的太乙洗髓膏、太乙陷冰丹和太乙紫金锭。

当然了，这些方都是有为法——世间法，而不是佛家所讲的世外法。所以，是不可能到达极乐彼岸的。我们的医学本身就属于世间法的范畴。所以，对一个凡人来讲，“无苦集灭道”，这个“灭”是一种道，当他到了生命最终止的时候，该走就得走，不是我们医学能够解决的。所以，大家就要认识到这一点，不是什么病都能治。《黄帝内经》有死证，《伤寒论》也有死证，不是说世间无不治之病。我们很多名医讲“世间无不治之病，这个病治不好，是因为你中医没学好”，那是不是中医学好了就能够永远地活下去呀？不是。“灭”是一种道，疾病到了最后，生命到了最后，灯枯油尽，该走就得走。

“无苦集灭道”在这里还在讲什么？还在讲苦，就是有生就有各种痛苦，所以你要得到“蜜多”，要得到极乐，到达极乐的彼岸。“苦集”，就是你在苦海里面轮回。苦海“灭道”，就是不停地轮回，在这个苦海里面。所以你要到达“波罗蜜多”，到快乐的彼岸——极乐世界。

这里就讲到了“蜜多”和“苦集”的问题。在六道轮回是很痛苦的，所以我们中药清心热用苦，黄连和苦参是代表性的两个清心的药。黄连擅长清心热，苦参擅长清心的湿热。温心阳用甘，桂枝配甘草，你看那个炙甘草汤，甘草用蜂蜜来炙，桂枝配甘草能够温心阳。温心阳我们用甘药，桂枝甘草汤能够使他“心无挂碍，无挂碍故，无有恐怖，远离一切颠倒梦想”。而心阳不足，他这个人容易陷入“无明”境地，用桂枝甘草汤温其心阳；而心火太盛，容易惑于色相。广义的“色”是外部世界，狭义的“色”意义就比较小了，男女也叫“色”。心火太炽的人容易惑于“色相”，为外界世界所迷惑，用黄连、苦参清心。而心阳不足的人他容易陷入“无明”境地，心生恐惧，用桂枝甘草温阳气。用桂枝甘草温阳，如丽照当空；而心火旺盛的人容易惑于色相，用黄连、苦参清心。所以甘与苦，人生的苦与乐，五味杂陈，大家可以去体会。

第三讲

“诸法空相”，在道家怎么讲呢？《道德经》四十一章讲“大音希声，大象无形”，达到了大象的状态是无形的。何为大象？

“以无所得故，菩提萨婆埵，依般若波罗蜜多故，心无挂碍，无挂碍故，无有恐怖，远离颠倒梦想，究竟涅槃”。《道德经》第二十五章曰：“有物混成，先天地生。寂兮廖兮，独立而不改，周行而不殆，可为天下母。吾不知其名，强字之曰道，强为之名曰大”。所以“大”指的是什么？指的是道。那么“大象无形”，就是道的相是无形的。道的相无形，在佛教讲的是什么？诸法空相，他们在说一个东西。“大音希声”，道乃天外之音，听不见了。

所以归根的目的是为了归一，如何才能归一呢？就要致柔。这里面有两个需要注意的事项，第一个是日损。《黄帝内经·阴阳应象大论》曰：“是以圣人为无为之事，乐恬憺之能，从欲快志于虚无之守，故寿命无穷，以天地终，此圣人之治身也。”圣人是怎么治身呢？要做到“寿命无穷，与天地终”，那就是没有大限了，除非这个宇宙没了。那要“从欲快志于虚无之守”，也就是老子所讲的“日损”，《道德经》第四十八章曰：“为学日益，为道日损，损之又损，以至于无为，无为而无不为”“天之道损有余而补不足，人之道，则不然，损不足以奉有余”“至虚极，守静笃。”

“至虚极，守静笃”也就是佛家讲的“行深般若波罗蜜多时”，经过恍惚，然后进入空相，“诸法空相”。这是我们《黄帝内经》讲的圣人是这么做的。这里讲的圣人和《上古天真论》讲的圣人不一样，这里讲的圣人其实就是指的《上古天真论》讲的真人，也就是《六微旨大论》讲的真人。有的时候《黄帝内经》

把圣人和真人作为同一类人讲，有的时候《黄帝内经》又把圣人作为低于真人的一类人来讲，就是他的寿命有终，而作为真人寿命是没有终止的。按照《黄帝内经·上古天真论》来说有真人、有至人，还有圣人。作为圣人，《上古天真论》讲是度百岁乃去，而贤人就是寿命长，比别人活得时间长，人生七十古来稀，超过七十岁、活八九十岁的是贤人。度百岁乃去，他是圣人。与天地同寿，那是真人。还有至人，至人的寿命超过百岁，但是不能做到与天地同寿。《上古天真论》讲的圣人是把他们区分开的，而《黄帝内经》很多篇章讲的圣人是没有区分开。大家可以看到《上古天真论》《四气调神大论》和《生气通天论》讲的圣人是一致的，而后面篇章讲的圣人又是指的另外一种状态。

“诸法空相，不生不灭，不垢不净，不增不减”，这里出现了三对范畴：生灭、垢净、增减。第一个，不生不灭。因为有生才有灭，没有生哪有灭？道家也是这么看的，《道德经》第七章：“天长地久，天地所以能长且久者，以其不自生，故能长生”。天地为什么不灭呢？因为它不生所以它不灭。第二十三章又讲：“希言自然，故飘风不终朝，骤雨不终日”。说的是什么呢？说的是这个暴风啊，它不可能一直刮，暴雨不可能一直下，所以“天地尚不能久，而况于人乎”。前面讲“天地所以能长且久者，以其不自生，故能长生”，天地它长生不灭，但是“天地尚不能久”，是说天地中的骤风暴雨不能久，而况于人乎？所以你要久，你要法天地，法天地不是法它的飘风骤雨，如果你法它的飘风骤雨，你不能长久。如果你法天地的“不自生”，不生那你可以做到不灭，这就是《黄帝内经》讲的“余闻上古有真人者，提挈天地……”“提挈天地”就是要学天地的不生不灭，你只有学了天地的不生不灭，才能做到出生入死。《道德经》第五十章讲了“出生入死”。如何出生入死？“以其生生之厚”“以其无死地”。也就是说“生之徒，十有三。死之徒，十有三。人之生生，动皆之于死地，亦十有三。夫何故？以其生生之厚”。如果你不生，你就没有死，在《黄帝内经·六微旨大论》讲了这个过程，“帝曰：有期乎？岐伯曰：不生不化，静之期也。帝曰：不生化乎？岐伯曰：出入废则神机化灭，升降息则气立孤危。故非出入，则无以生长壮老已；非升降，则无以生长化收藏。是以升降出入，无器不有。故器者生化之宇，器散则分之，生化息矣。故无不出入，无不升降。”“不生不化，静之期也”，这个不生不化的状态，真人做到了不生不化。

“帝曰：善。有不生不化乎？岐伯曰：悉乎哉问也？与道合同，惟真人也”。他说了：“化有小大，期有近远，四者之有，而贵常守，反常则灾害至矣。”就是说人都有生化，生化出了问题就得病，生化停了就死亡。“故器者生化之宇，器散则分之，生化息矣”，“生化息”人就没了。当然“有不生化乎？”岐伯说那就只有真人，他不生不化、不生不灭。他什么不生化？他说：“无形无患，此之谓也”。为什么？“器者生化之宇，器散则分之，生化息矣”，就是你的肉身，你的气化、代谢乃至你的肉身没了，人也死了。还有一种肉身没了是“无形无患”，什么人才能够没有肉身呢？那是真人。

所以这就引出了一对范畴：生与灭。佛家讲生与灭，也就是《道德经》讲的生与死——出生入死。要想长生，先学短死，死去则活来，呼吸没有，心跳没有，因为呼吸至深至柔，慢慢停止，心跳至慢至缓，慢慢停止。死过去以后再活过来，这是道家讲的。为什么能够死过去又活过来呢？他后面要讲，讲这个道生如何去做。

佛家讲的生灭，道家讲的生死，《黄帝内经》讲的生化说的是一个东西。《道德经》的第七章讲生灭，第八章讲垢净，“上善若水，水善利万物而不争，处众人之所恶，故几于道。”为什么“处众人之所恶”呢？水最脏，所有污垢的东西最后都流到水里面，百川入海，世界上污垢的东西都通过江湖河流流入大海。“水利万物”，各种污垢进入大海，我们洗碗、洗衣服、洗菜的脏东西，我们的大便、小便，最后都流入水里，所以水是脏的。但是水流到大海，我们见到大海深处，水至纯至净，水是干净的。水是最干净的东西，再肮脏的东西经过了水都会变得干净，所以说“上善若水，水善利万物而不争，处众人之所恶。故几于道”，水与道最接近，就是“不垢不净”，“菩提本无树，明镜亦非台，本来无一物，何处染尘埃”。

《道德经》第九章讲增和减，“持而盈之，不如其已；揣而锐之，不可长保；金玉满堂，莫之能守；富贵而骄，自遣其咎。功遂身退，天之道也。”“持而盈之”那就是“增”，“不如其已”那就是“减”，也就是说你修行之中的至大、至小，那都是一个增和减的问题。至大、至小我跟大家举个例子，《道德经》第五十二章讲“见其小曰明，守柔曰强。用其光，复归其明，无遗身殃，是为习常”。“见其小曰明”，就是你在通体透明的时候，你可以至大也可以至小，可以与天地同大，也可以小如尘埃，这是你禅定的时候的各种奇特的感觉，也就是老子讲的恍惚的状态。

《心经》说“诸法空相，不生不灭，不垢不净，不增不减”，这些都是什么？这些都是相。“是故空中无色，无受想行识，无眼耳鼻舌身意，无色声香味触法，无眼界，乃至无意识界，无无明，亦无无明尽，乃至无老死，亦无老死尽，无苦集灭道，无智亦无得。”所谓的“无眼耳鼻舌身意，无色声香味触法”，这在《道德经》里面怎么讲呢？《道德经》第十二章讲“五色令人目盲，五音令人耳聋，无味令人口爽，驰骋畋猎令人心发狂，难得之货令人行妨”。“五色令人目盲”，你看见万事万物，到时你反而看不见了，你为事物的表象所蒙蔽，一叶障目不见光明。你看他闭着眼睛在那里打坐，他啥都能看见；你看他睁开眼睛在世界之中，其实他跟盲人一样。“五音令人耳聋”，你在迪厅听得见咣当咣当的声音，但是你听不到天籁之音。“大音希声，大象无形”，“五色令人目盲”——不见“大象无形”，“五音令人耳聋”——不闻“大音希声”。所以第十四章讲：“视之不见名曰夷，听之不闻名曰希，搏之不得名曰微。此三者不可致诘，故混而为一。其上不皎，其下不昧，绳绳兮不可名，复归于无物。”“视之不见”，看到了看不见；“听之不闻”，听到了听不见，最后“复归于无”。只有你看到了看不见，听到了听不见，你才能感受到“大音希声，大象无形”。这就是佛家讲的“无眼耳鼻舌身意，无色声香味触法，无眼界，乃至无意识界，无无明，亦无无明尽，乃至无老死，亦无老死尽，无苦集灭道。”“无眼界”就是看不到外面的客观世界，视而不见。“五色令人目盲”，五色那就是眼界。

你要想不当瞎子，那就要视而不见。所以在禅定的状态下，外面的世界对他来说是不存在的；“乃至无意识界”，自我也不存在；“无眼界”，不存在外面的世界，“无意识界”，不存在自我，最后“无无明，亦无无明尽，乃至无老死，亦无老死尽，无苦集灭道”，不生不灭，不坠轮回。

而“无眼耳鼻舌身意”，在道家讲的是什么？道家讲“大患若身”，也就是《黄帝内经·六微旨大论》讲的无形无患，没有形也就没有生化，也就没有生命，不生不灭了。没有形，就没有生死，所以无形无患，所以大患若身，你有了肉身你才有大患。《道德经》第十三章讲：“宠辱若惊，贵大患若身”。何为“宠辱若惊”，宠为下，得之若惊，失之若惊，是为宠辱若惊。何为“贵大患若身”？吾所以有大患者，为吾有身，及吾无身，吾有何患？我之所以有大患，因为我有生，有这个皮囊，我连这个肉身都没有了，我有什么大患。“故贵以身为天下，若可寄天下；爱以身为天下，若可托天下”。所以当你放下自我，拥抱天下，天下都是你的。你把自己交给天下，天下就是你的。

这就是我们太湖学院为什么要搞普世教育的原因“普惠人间，那就是“故贵以身为天下，若可寄天下；爱以身为天下，若可托天下”，放下自我，拥抱天下。

第五十二章讲“天下有始，以为天下母，既得其母，以知其子，既知其子，复守其母，没身不殆”。也就说你没有生，无形无患，所以“无眼耳鼻舌身意，无色声香味触法”。那你就没有六根，没有六尘。

第四讲

“是故诸法空相，不生不灭，不垢不净，不增不减”，这里提出了生和灭的关系，他认为有生就有死。《黄帝内经》讲的是不生不化，《心经》讲的是不生不灭，老子讲不生不死。但是如果已经有了生呢，就是你如果已经有了生命，你怎么才能够长生呢？如果你已经有了生命，你要长生的话，老子讲要致柔，“抟气致柔，能婴儿乎”就是要回到婴儿的状态。为什么要致柔，复归于婴儿呢？因为老子认为“物壮则老，是谓不道，不道早已”。他说的什么呢？他说的是我们人有生长化收藏，就有生长壮老已。

你有生化就有生命，就有生死，有生长化收藏，就有生长壮老已。有生长壮老已，那么你生下来长大、长壮以后，壮了你就会老。“物壮则老”，壮为极，阴极生阳，阳极生阴，极则变。所以人的衰老是从人的壮年开始，也就是五七、五八，人就衰老了。

我们讲过“六经化生”，一七、一八到二七、二八天癸至，女性 14 岁、男性 16 岁天癸至。二七、二八之前是太阳，两精相搏从零岁到 14 岁（女）、16 岁（男）之间那是太阳。二七、二八到四七、四八，这是少阳。二七、二八到四七、四八，女子四七二十八岁叫盛壮，男子四八三十二岁叫满壮，也就是说女性在 28 岁、男性在 32 岁达到了盛壮和满壮，这是少阳。实际上女子从四七二十八岁、男子从四八三十二的盛壮和满壮，就开始走到阳明（六七、六八），六七四十二岁、六八四十八岁，女性 42 岁、男性 48 岁，这个就是什么呢？《上古天真论》讲的三阳脉衰，面焦发始白，三阳经已经衰了，阳气衰尽，面焦发白，这个时候人的三阳已经衰竭了。然后到七七、八八天癸竭，男女天癸竭，天癸竭以后靠厥阴来维持，就是七七四十九岁女子没有月经了，八八六十四岁男性基本上不能同房了，当然也有例外的，《黄帝内经》也讲了原因。然后厥阴为极，阴阳离决，就死掉了。

所以修道有一个说法，七七、八八之后修不成道。为什么呢？天癸竭、地道坏，修不成道。男女修道的时间有几个时间节点：第一个时间点，七七、八八之前要修，这个是最后的时间节点，之后修不修你这个肉身都已经坏掉了，修不成；第二个时间节点是六七、六八，女子42岁、男子48岁之前，这个时候三阳还没有完全衰竭，这是第二个时间点。第三，最好的时间点是四七、四八之前，四七、四八之前就是男子满壮、女子盛壮之前。大家都知道，女性最漂亮的时候、皮肤最好的时候就是28岁啊。之所以流行老夫少妻，因为那个时候是女性最好的年华，而男性随着他年龄、学识的增长、财富的增加，个人魅力才增加。但是呢，从女性的生理上来讲，四七是最好的年龄，男性是四八三十二岁之前，也就是男性30岁的时候，是最壮的时候。所以修行最佳的年龄是四七、四八之前，这是第一个年龄。第二个年龄是六七、六八，第三个年龄是七七、八八。当然了，七七、八八以后可不可以？也可以，朝闻道夕死可矣，你早上闻了道，晚上可以死了，那也可以的，任何时候都可以嘛，道不远人嘛。但是你若想达到道生的状态，那就不行了。不道生死了也行啊，对吧？内心很安宁就可以。

但是我们讲道生，与天地同寿，那你得在四七、四八之前修行。因为《黄帝内经》讲的是生长壮老已，《道德经》第三十章讲“物壮则老，是谓不道，不道早已”。壮就是我们讲的四七、四八，生前面的零七、零八到四七、四八就是生和长的过程。生和长是什么呢？就是太阳和少阳。壮就是我们的四七、四八，四七、四八以后就老，一直到我们的七七、八八之后阴阳离决，精气乃绝，人就死了。这个壮，《黄帝内经·上古天真论》讲女子四七盛壮、男子四八满壮，壮之为极，极则变。所以要在四七、四八之前做什么事情？“抟气致柔，能婴儿乎？知其雄，守其雌，复归于婴儿，知其白，守其黑，为天下式”。他要“致柔”，“致柔”才能归根，归根才能复命，才能够做到道生。

《心经》讲了个原则：“不生不灭”。但是问题是如何做到不生不灭呢？这个道家就很有长处，道家就讲了做到不生不灭的具体方法。虽然我们这里还是在讲原则，实际上他这里已经给你讲了很多方法。比如“复归”，如何“复归于婴儿”啊？可以胎息啊，可以“骨弱筋柔而握固”啊，他给你讲了很多办法。那么“复归于婴儿”怎么办呢？“知其雄，守其雌”啊，“知其白，守其黑”呀，讲了很多的办法。“白”是什么？那个太极图的“白”是阳啊！“黑”是什么？“黑”是太极图的阴啊！这是告诉你干什么？“把握阴阳”啊！就是《黄帝内经·上古天真论》讲的“提挈天地，把握阴阳”。“知其白，守其黑”就是告诉你“把握阴阳”，“为天下式”，然后“复归于无极”，这是《道德经》第二十八章讲的。

“把握阴阳”的目的是要“复归于无极”。那为什么要“复归于无极”呢？所谓无极，“有物混成，先天地生。寂兮寥兮，独立而不改，周行而不殆，可以为天地母。吾不知其名，字之曰道，强为之名曰大”。做到知白守黑，才能够太极复归于无极，达到“有物混成，先天地生”，才能够和道。为什么要和道？因为“道生一，一生二，二生三，三生万物，万物负阴而抱阳，冲气以为和”，因为“万物负阴而抱阳”，所以你要“知其白，守其黑”

啊。一团阳气抱着你的一团阴精，“知其白，守其黑”，你才能由“三生万物”到“复归于无极，和于道”。“复归于无极”，因为万物是由道所生，“道生一，一生二，二生三，三生万物”，你“复归于无极，和于道”之后，就没有生了，没有生就没有灭，就“不生不灭”。

那么如何才能够“复归于无极”呢？告诉你了，你要“知其白，守其黑”，“知其雄，守其雌”。怎么办？“复归于婴儿”，回到先天的状态。为什么“专气致柔”？“弱之胜强，柔之胜刚”“刚与刚，阳气破散，阴气乃消亡”。如果你刚，“物壮则老，谓之不道，不道早已”，所以“见小曰明，守柔曰强”。那如何“复归于婴儿”回到先天的状态呢？“抟气致柔，能婴儿乎”，就要致柔。那如何“抟气致柔”呢？道家讲了很多的办法让你“抟气致柔”。

何为“见小曰明”，一粒尘埃看世界，那个时候才叫明，通体透明。为什么？因为你知大、你知小，不增不减，你就是世界。为什么你就是世界？因为在你的底层代码，你的 DNA 模板里头，保留了从最初的没有生命一直进化到高等动物的全部过程。你的胚胎发育，由两精相搏到形成一个单细胞，乃至细胞分裂增殖，形成了没有循环系统、没有神经系统的生物，乃至于到一条鱼，到一只猴子，最后形成一个人，整个生物进化的过程在你的胚胎发育过程中重演。这套 NDA、这套模板编码了整个物种进化过程，也就是在你的生命信息里，在你的这套 DNA 模板里、你的神里面，包含了全世界。所以人就是一个小宇宙，外面的世界都在你的身上，所以心比身大。这个心是什么？指神。为什么心比身大？因为你的心里、你的神里、你的DNA底层代码里包含了全世界的信息。你活在哪里？你活在你的心里。“见小曰明”，你自己小，为什么？因为你是活在你的心里，但是呢，你又极大，因为你的心太大了，心是整个世界，你的身已经是一粒尘埃了。

第五讲

现在我们继续讲《黄帝内经·上古天真论》里提到的道生。人啊，要“寿蔽天地，无有终始”，其一就是道家的道生，其二就是佛家的涅槃。涅槃讲死，道生讲生。道生说了“提挈天地，把握阴阳，呼吸精气，独立守神，肌肉若一”，提了五点。“呼吸精气，独立守神，肌肉若一”，就是我们讲的形气神。而“把握阴阳，提挈天地”，这是两个基本的原则。“人生于地，悬命于天，天覆地载，万物始成”，“非天不生，非地不长”，生命的本源决定于天，非天不生，而生命的生长（生长化收藏）决定于地，非地不长，所以要把握天地。

举个例子，《黄帝内经·四气调神大论》说：“所以圣人春夏养阳，秋冬养阴，以从其根，故与万物沉浮于生长之门。”“夫四时阴阳者，万物之根本也”，顺应四时阴阳，这就是提挈天地的做法之一。再举个例子，“故圣人抟精神，服天气，而通神明”，这是《黄帝内经·生气通天论》的内容。“抟精神”，这个我们都讲了，“呼吸精气，独立守神”这就叫抟精神。“服天气”，这就是我们中国人的服食，而通神明。服食的办法就有很多，采天气、采地气、采日精、采月精等，有很多的办法。这里讲到了服天气，一般来讲是早晨修行，修太阳；晚上修行，修月亮。这就是提挈天地的办法。

《黄帝内经·灵枢》也有论述，比如《灵枢·岁露》说：“少师曰：人与天地相参也，与日月相应也。故月满则海水西盛，人血气积，肌肉充，皮肤致，毛发坚，腠理郄，烟垢著，当是之时，虽遇贼风，其人浅不深。至其月郭空，则海水东盛，人气血虚，其卫气去，形独居，肌肉减，皮肤纵，腠理开……”这里就讲的月空和月满的时候，“人与天地相参也，与日月相应”。月满的时候人血气积，月空的时候人血气虚。修月精的，就要按照月空和月满去修，这也是修行的一个办法。那个修日的，他就是按照日出和日落去修。所以服天气，这是道家提挈天地的方法之一。

如何去把握阴阳呢？《素问·生气通天论》说：“夫自古通天者生之本，本于阴阳”，所以前面的《四气调神大论》就讲天。因为按照四时五行，四时指的是天，五行指的是地——提挈天地。随后就讲《生气通天论》，生气如何通天呢？“生之本，本于阴阳”，他说“夫自古通天者生之本，本于阴阳”。好了，生命的根本本于阴阳。那么本于阴阳又如何通天呢？他讲“故圣人抟精神，服天气，而通神明”，他这样就通天了。那阴阳和天如何相通呢？他就讲了阴和阳的特征，讲了非常经典和精辟的话。

第一个“阳气者，若天与日，失其所，则折寿而不彰，故天运当以日光明”。《生气通天论》这句话讲得非常形象。这是第一个代表性的话，我们反复讲过，不再讲它了。

“阳气者，精则养神，柔则养筋”，这也是很有代表性的话。还有什么？“阴者，藏精而起亟也；阳者，卫外而为固也”，“是以圣人陈阴阳，筋脉和同，骨髓坚固，气血皆从”，“凡阴阳之要，阳密乃固”，“故阳强不能密，阴气乃绝；阴平阳秘，精神乃治。阴阳离决，精气乃绝”。他说了“阴阳之要，阳密乃固”，阳气要密，阳强则不能密，精气乃绝。所以他反对什么？反对强，反对阳强。

为什么会反对阳强呢？柔弱胜刚强与老子讲的“抟气致柔”在本质上是相通的。为什么？“物壮则老，是谓不道，不道早已。”所以“骨弱筋柔而握固”，小孩子生下来是握紧拳头的，虽然他很柔弱。所以“天下之至柔，驰骋天下之至坚”，“人之生也柔弱，其死也坚强”。生的时候人是很柔软的，死的时候硬板一个。这些也就是《黄帝内经·生气通天论》讲的“阴阳之要，阳密乃固，故阳强不能密，阴气乃绝”。所谓的“刚不可久，柔不可守”，主要是指的刚不可久，阳强不能密。而《黄帝内经·阴阳别论》讲：“阴之所生，和本曰和。是故刚与刚，阳气破散，阴气乃消亡。”从这里大家可以看到《黄帝内经》对阴阳和刚柔的理解。

把握阴阳，生命的用在于哪里？在于阳。人的气化是根于阳的，“阳气者若天与日，失其所，则折寿而不彰，故天运当以日光明”。所以你的气化活动是来自于你的阳。你要跑、跳、吃、睡、工作，等等，阳气是根本。但是你的形质是根于你的阴，阳化气，阴成形，《阴阳应象大论》讲你的形质根于你的阴。如果想要你的形质持久，达到寿蔽天地，达到道生的状态，你要抟气致柔，能如婴儿，回到先天的状态。把握阴阳，阴与阳谁重要？我们讲讲扶阳，离照当空，治病喜欢扶阳，因为扶阳能够改变我们的气化，能够提高代谢，能够增强身体的机能，这就是“阳气者若天与日，失其所，则折寿而不彰，天运当与日光明”。可是你知不知道扶阳的缺点是什么？“物壮则老，是谓不道，不道早已”，虽然它能够增强你的体质，能够改变你的“脉微细，但欲寐”，改善困顿、乏力、怕冷等症状，但是它会使你轮回，一样是在苦海之中轮回。如果你要在苦海中轮回，那么就要扶阳；而如果要解脱，要道生，我们要致柔。“万物负阴而抱阳，冲气以为和”，因为万物负阴而抱阳，他就成了扶阳与致柔两端。致柔是我们讲的复形质，扶阳是我们讲的扶阳气。究竟应该扶阳气，还是复形质？这个看你的目的，有所不同。

中医讲形气神，《灵枢·根结篇》讲“调阴与阳，精气乃光，合形与气，使神内藏”，这是在讲把握阴阳与形气神之间的关系。

治病怎么办?《灵枢·寿夭刚柔》:“此天之性命,所以立形定气而视寿夭者,必明乎此立形定气,而后以临病人,决生死。”所以我们治病之前首先要立形定气。

“提挈天地,把握阴阳”在《灵枢·本神》又讲“故智者之养生也,必顺四时而适寒暑,和喜怒而安居处,节阴阳而调刚柔。如是则避邪不至,长生久视”。说的就是智者养生,“提挈天地”要“顺四时而适寒暑,和喜怒而安居处”;“把握阴阳”就是“节阴阳而调刚柔”,然后才能长生久视。所以,“把握阴阳”和“调刚柔”是一个事情的两个方面。

第六讲

中国有三大心学:佛家的心学、道家的心学和儒家的心学,构成了中华文明的三大心学。既然是心学,首先强调如何降伏其心。《心经》的第一句话讲“观自在菩萨”,非常总括地告诉你用自观的办法降伏其心。儒家的心学始自王阳明,他强调心外无物,天性不改。儒家也需要打坐,大儒们也都需要打坐。道家的心学与佛家有所不同,强调调息、调身,最后调心,有一套入手的方法。

不论儒家、佛家还是道家,首先都要降伏其心,这是第一个。降伏其心只是入手的方法,其最主要的目的是什么,要达到怎样的境界？我分别用三句话来概括他们的第二个共性。《心经》讲“无无明，亦无无明尽”，就是要让自己或者自己代表的这个世界充满光明。成佛之人一体通透，充满光明，没有黑暗。在佛家不讲黑暗讲无明，没有光所以黑暗，黑暗是因为无明。儒家的王阳明讲过一句话：此心光明，亦复何言。道家有一句非常有名的话：火烧海底泄天机，红炉白雪满天飞。由此可见道家和佛家的区别，这是何等的场景，当然这也是在做大小周天时的一些现象，与修炼内丹有关，白雪是指性光，最终也会出现性光，就像漫天白雪，或者一个光秃秃圆晃晃的光圈出现，这是训练到一定程度的时候，出现的一些现象。所以，无论是佛家、道家还是儒家，最后都要追求光明境地。当然，这三个心学是有不同的。儒家讲超凡入圣，要做圣人，而圣人的灵性是人人都有的，通过世间的修炼，可以做到超凡入圣，这是儒家的东西。佛家讲要立地成佛，而道家要羽化成仙。他们下手的方法各有不同，但是最终追求的境界和达到的目标，大家可以看到是相同的。所谓万法归宗，不论从哪一个角度入手修行，去过好你的一生，去做一个有意义有价值的人，乃至于实现人生的目标，或者摆脱三世的轮回，其实最终的结局他们是相通的。

那么医家又是怎么做的呢？大家看我在临床上用得最多的方是桂枝甘草汤。我把桂枝甘草汤隐藏在临床的好多处方里面，大家可能没有注意，就把它忽略掉了。我们讲了阳和法，你看阳和汤里不是有桂枝甘草汤吗？治肺癌的泽漆汤里不是也有桂枝甘草汤吗？那也是个桂枝法。大家可以注意到我用桂枝特别多，而且对桂枝的脉证研究比较多，比如“手心汗出桂枝证，反此阳明腑气实”，寸口脉动而弱，动则为惊，弱则为悸，等等。反复给大家讲这些条文，通过反复讲解，就是给大家表达一个意思，只是没有给大家讲得很清楚。我用桂枝甘草汤非常的多，一般都不单用，会用在整个复方里面。因为疾病是复杂的，有自身脏器病机的影响。但是总体上我们桂枝甘草汤用得非常多，尤其是治疗阴证。疾病总体上分为阳证和阴证，《伤寒杂病论》中有病发于阳，病发于阴，这是第一条；有近衣不近衣的条文，这是第二条；第三条是阳毒之为病，面赤斑斑如锦纹，阴毒之为病，面目青。这就是病发于阳，病发于阴，一共有三条。阴证，我们喜欢用桂枝甘草汤。原因是什么？原因就是要激发人体的光明。我们讲肾阳出来到了心，就成了心阳，一天实际使用的是心阳，而肾阳是我们的根。肾阳是什么？肾阳是油，好比灯里面的油。心阳是什么？心阳是那个光。所以，如果阴维为病，就会出现心痛等疾病，比如胸痹心痛的阳微阴弦。心阳出来周行全身，那就是我们的营卫之气。大家可看到太阳伤寒，麻黄汤里有桂枝甘草，太阳中风，桂枝汤就有桂枝甘草。那么，就是说要激发人身的阳气和光明，通过对人身阳气和光明的处理，解决心与肾的问题，解决阴维、阳维的问题，解决人与自然的问题。大家如果仔细去琢磨我的处方，里面用得最多就是桂枝甘草汤，也就是要给人光明。

如果一个人心阳虚光明不够，至少可表现为几个症状：第一个症状胸痹心悸，《伤寒杂病论》讲的阳微阴弦，单纯的阳微体现为心悸，如果还有阴弦，则表现为胸痹。第二个是阳微导致恶寒，“无热恶寒者，发于阴也”，然后面目青灰，这种人都是由于阳气不够，病人往诊室一坐，你通过面色立刻就知道这个人阳虚。阳微之人怕冷面目青灰，身痛如背杖，如果严重可合并疼痛，因为寒性收引，容易导致疼痛。但是主要症状是恶寒、面目青，大部分人没有疼痛，一部分严重阳虚的人可出现疼痛，比如类风湿等疾病。这是第二个产热不够。第三个是阳虚病人会出现《黄帝内经》讲的神光不满，其实就是《伤寒杂病论》讲的“少阴之为病，脉微细，但欲寐也”，老想打瞌睡、没精神、浑浑噩噩。患者往诊室一坐，你一看就知道他状态不好。这是白天的表现，晚上的症状是做乱七八糟的梦。因为心藏神，所以会出现这些症状。大体上是这样子的，里面还有一些细节的问题。给大家讲一个大概，大家就知道，治病要注意的是给患者光明，这对疾病的康复有帮助。

第七讲

这一讲我们讲关于苓桂术甘汤治疗白内障的问题。白内障是由于眼球的晶状体混浊所导致的。眼球的晶状体是光学的镜片，我们的眼球通过晶状体的折射，然后在视网膜成像，就像摄像机的镜头一样。如果晶状体混浊，将会导致看东西困难、不清楚，甚至可以导致失明。

苓桂术甘汤对一部分晶状体混浊有效，对哪些晶状体混浊患者有效呢？眼睛为心灵的窗户，所以眼睛看东西首先需要心阳。心阳根于肾阳，肾阳水生木，然后木生火，到了心，就是我们的心阳。心阳出于瞳孔，运行周身就是营卫。所以，眼睛看东西关键在于有心阳，也就是道家讲的阳火。由于有阳火，所以我们睁开眼睛能够看清楚周围的世界。当心阳虚的时候，水逆上泛就会导致晶状体的混浊，这个时候看东西模糊。这种心阳虚水饮上泛的人，常常可看到脸上满布水斑，色素沉着与老年斑有些不同，很年轻就可以出现，满脸都是水斑，黑色的这个斑点。这种人是阳虚引泛，肾主水，其色黑，玄色（黑色）属肾所主。阳虚水饮上泛所导致的晶状体混浊，用苓桂术甘汤有效。苓桂术甘汤里常常加牛膝、车前子，取法于济生肾气丸。济生肾气丸是在金匮肾气丸的基础上加牛膝、车前子利水湿。

我们的眼睛到眉毛之间的空隙，相学上叫作田宅宫，就是看你的心田。一个人的心脏有多大，心胸有多宽广，主要看田宅宫。眼睛的下面，反应的是肾。眼睛的下面，相学上叫卧蚕，像蚕一样卧在那里，看的是肾。眼睛的内眦，我们的明堂厥庭诊法内眦看厥阴经，是木。所以，眼睛下面是水，中间是木，上面是火，就是水生木，木生火。人死如灯灭，人就像是一盏灯，下面是油，中间是灯芯，上面点燃就是火。那么，当心阳虚，阳虚水泛，导致晶状体混浊，这种人视力不好，可用苓桂术甘汤加牛膝、车前子。

还有一种阴虚火旺的人，肾精亏虚、赤地千里，也会导致晶状体混浊。水少了、干燥了，也会导致眼睛干涩，视物不清，这种人常用明目地黄丸等类似的处方。当然要加决明子、丹皮一类的药物，同时清肝火。我们说晶状体混浊，阴虚、阳虚两端都可以引起。什么叫混浊呢？第一种是乌云盖日，就是阳虚水泛导致的晶状体混浊。第二种是浓烟滚滚，阴虚火旺、浓烟滚滚，也看不清楚，也能导致晶状体混浊。

从《心经》的角度讲，叫作“无无明，亦无无明尽，乃至无老死，亦无老死尽，无苦集灭道，无智亦无得”。无无明就是说心阳虚的时候，乌云遮日，看东西看不清楚，处于无明境地。此时治疗要温煦心阳，按道家说法，进阳火退阴湿，就用桂枝甘草汤。当然，阳虚常常导致痰饮上泛，再加茯苓、白术化痰利湿。这是为什么呢？我们讲太阴包着少阴，心阳虚导致不能温煦太阴，导致水饮上泛，就如同乌云盖日，不见阳光。

从这里，大家就可以深入了解眼睛是心灵的窗户，通过看眼睛，可看得到这个人的心理状态，和喜恶偏好，也就是他的元神。所以，“少阴之为病，脉微细，但欲寐也”，要看目。怎么看呢？有一套方法，如果掌握了这个方法，看人一眼，就知道这个人心宽还是心窄，可以看到他的心田中去。总而言之，人需要心里的这把火——阳火，否则会陷入无明境地。陷入无明境地，自然就会进入生老病死的循环，所以《心经》讲“无无明，亦无无明尽，乃至无老死，亦无老死尽”。白内障多见于老年人，因为随着岁数的增加，人的阳火日渐衰微，进而导致乌云蔽日。阳火日渐衰微，最终人死如灯灭，灯一熄灭，人就没有了。

单纯从学术的角度上讲，医道儒释是通的，把任何一门学明白了，能够相互打通，使得对疾病、对生命的认识更加的深刻。这也是我在博士班给大家讲述《心经通解》的原因。

第八讲

《黄帝内经》说了两个观点：第一，人生于地，悬命于天；第二，天不生，地不长。古人的话是文言文，这是在说人每天生命活动所需要的源泉，来自于我们的肾上腺激素、皮质激素。皮质激素支撑了我们每天的代谢，是生命活动基本的、最起码的激素，类似中医讲的肾精，也就是少阴经，在下半身，所以人生于地。悬命于天呢？这几种激素，不管是皮质激素支持每天的代谢活动，还是性激素（雌性和雄性的性激素）支持生殖活动，都受下丘脑的影响，在人体的上半部分。下丘脑是分泌激素的促激素释放素作用于垂体分泌促激素，然后到下半身的靶器官。肾上腺有肾上腺皮质和髓质，皮质分泌的是皮质激素，髓质分泌的是肾上腺素，支配我们的交感、副交感神经，一个支配神经系统，一个影响代谢。神经系统对外界进行反应，比如别人打你、骂你，神经系统要反应；代谢活动是人的气化活动，受少阴肾的影响；生殖活动也受少阴肾的影响，所以叫人生于地。悬命于天，指受下丘脑分泌的促激素释放素的影响。

什么叫天不生、地不长呢？人的生长化收藏取决于气化活动，就是代谢活动，受肾上腺激素影响的。第一个，肾上腺激素二十四小时分泌的高峰、低谷，决定了白天晚上的活动。第二个，最终控制生殖系统也靠下丘脑的促激素释放素，当然同样受我们底层代码控制。这就带来一个需要思考的问题，所谓的天不生，地不长，在讲哪里呢？女性四七在 28 岁，男性四八在 32 岁是最佳的生殖年龄，也是身体机能状态最好的时候。当然也可以前后一点，有可能 26 ~ 35 岁，大概在这个年龄区间是人体的身体机能最强盛的时候，也是性激素水平最高的时候，也是最适合繁殖后代的时候。从这个时候开始，激素水平就开始下降，早期是轻度的下降，下降到女性的 42 岁，男性的 48 岁激素水平就开始迅速的下降，一直下降到女性的 49 岁，男性的 64 岁，然后人就丧失生育功能了。人的生长化收藏，生的关系与生殖周期的关系，这两个是在同一个时间节点上。哪个时间节点？四七二十八和四八三十二的时候，这在《道德经》讲的是壮，《黄帝内经》讲是盛壮和满壮，分别讲男和女。

《道德经》又讲了“物壮则老，是谓不道，不道早已”。当到了壮的时候，就开始衰老。此时不仅代谢功能开始衰老，地的长的功能开始衰老，天的生的功能也开始衰老。

落实到乳腺癌这个疾病上，我们治疗乳腺癌，常常从哪里去治呢？往上是治边缘系统－下丘脑，往下治肾，治肾上腺和性腺。虽然是乳腺癌，但是我们往往用治肾上腺的药。为什么用肾上腺的药？肾上腺有两个激素，第一个是皮质激素，促进人体的代谢，皮质激素可以抑制表皮生长因子信号通路，而低皮质激素水平是促进乳腺癌生长的一个因素。第二个髓质分泌的肾上腺素是兴奋性神经递质，肾上腺素水平低了，会出现“少阴之为病，脉微细，但欲寐也”，患者老想打瞌睡，精神萎靡不振。阳和汤里的麻黄含有麻黄碱、伪麻黄碱，麻黄碱能够通过 CAMP、CGMP 抑制乳腺癌细胞的增殖，这个是我们实验室做过研究的。所以，乳腺癌受性激素的影响，地黄、鹿角霜、淫羊藿等药是治卵巢，治性腺；乳腺癌同时又受肾上腺皮质和髓质的影响，这两个都是我们讲的少阴，不外乎一个主人体的功能代谢，另一个主人体的生殖功能。这是第一个问题。第二个问题，人生于地，悬命于天，不仅要治下面的少阴，还有治上面的问题，我们要用川楝子、青皮、橘叶等药，治边缘系统和调节下丘脑分泌性激素的促激素的问题。

生姜 30g　炒栀子 10g　淡豆豉 10g　茯苓 10g　黄连 6g　法半夏 30g　青礞石 10g　佩兰 10g　甘草 6g　郁金 30g　石菖蒲 10g　石上柏 30g　竹茹 20g　芦根 30g　槟榔 10g　酒大黄 5g　枳实 12g

沉香 3g　木香 5g

这是一个乳腺癌患者的处方，这个患者的表现是睡眠不好，睡觉是很痛苦的一件事情，而且睡着以后，梦到地下的东西爬出来了，乱七八糟的、阴曹地府的东西都跳出来了。睡觉对她来说是很大的困难。我们知道肿瘤患者容易合并失眠，这种失眠怎么去处理呢？我们的处方是栀子升降饮，栀子、淡豆豉、枳实合上温胆汤，加了礞石滚痰丸和菖蒲郁金汤。为什么这样去治呢？按照中医的理论上，上焦法天属阳，下焦法地属阴，人的子午线，午在百会穴，子在会阴穴，上面是爽灵，下面是幽精。由于中焦的升降失常，导致下焦的浊阴上犯，蒙蔽神明。一般来讲，中焦的升降失常，导致消化不良、腹胀，而且由于子午线没有打通，导致心火不能下行，下焦的客水就是痰浊上去蒙蔽神明。所以，用的方倒是很简单，用了温胆汤，但是要注意普通的温胆汤证和这个病人的温胆汤证是有区别的。普通的温胆汤证一是不欲饮食、腹胀、舌苔厚腻，二是治普通的失眠。但是这种肿瘤患者的失眠，与普通的失眠表现不一样，这种失眠伴有典型的浊阴上犯、蒙蔽神明的症状，也就是我们讲的客水泛滥遮了阳火，所以她一睡觉，阳气就弱，闭上眼睛，阴曹地府的东西就出来了。她吃这个处方挺见好，情况有改善。

患者的舌苔腻，用温胆汤，中间有点黄，除热加黄连，就是黄连温胆汤。

她是心阳虚的人容易做一些梦，梦见死人等挺吓人的梦。其实，栀子升降饮证的患者也是因为阳虚，病人身上没有任何阳虚的症状，她阳怎么会虚了呢？一道客水遮阳火，痰浊上犯蒙蔽了心阳，这时导致她虽然没有阳虚，但是出现阳虚的症状，她会夜间做梦，看到七七八八的东西。这个我们叫作一道客水遮阳火，或者老百姓的话叫作一叶障目不见森林，并不是个瞎子，但是眼前放了一片树叶，就看不见森林了，就像太阳还在，被乌云遮住了。这两种阳虚是通的，不要决裂开来，一个是实证，一个是虚证。另外，真水不足也可以引起，比如金水六君煎证有的晚上也会做七七八八的梦，这是因为肾虚，肾气亏虚，气不化津，导致了水液停滞。但是不见得所有的水液停滞，都是肾虚引起的，把二十升水让你喝下去，你也水液停滞，不见得是肾虚。一个虚证，一个实证，一个寒证，一个热证，虚证和实证是通的，寒证和热证也是通的。心阳虚的桂枝甘草龙骨牡蛎汤证、桂枝加龙骨牡蛎汤证患者晚上也做噩梦，他是阳虚的，阳气不够的患者，与这种有痰火的是一样的。为什么一样？证表现不一样，但机理是一样的，痰浊上来把心阳蒙蔽了，就与阳虚一样了。

第九讲

《心经》对诸法空相做了很多的描述，“是诸法空相，不生不灭，不垢不净，不增不减，是故空中无色，无受想行识，无眼耳鼻舌身意，无色声香味触法”等，这都在描述诸法空相。道家高度凝练叫“致虚极，守静笃”。致虚极，观，没有东西；守静笃，一点声音都没有，落根针都听得见，掉片树叶都听得到。视之不见名曰夷，听之不闻名曰希，“致虚极，守静笃”就是希夷。这个时候搏之不得名曰微，眼睛看不见，耳朵听不到，抓不住，各种触觉体感都没有，这就是诸法空相。

当然了《心经》讲诸法空相又能够出现不生不灭，还有乃至无老死亦无老死尽，无苦集灭道。那么，道家怎么讲这个过程呢？道家的《道德经》是这么讲的，“致虚极，守静笃”，所以就能够“万物并作，吾以观其复”，就是这世界上万事万物的生老病死苦集灭道，你可以观复。什么叫作观复呢？就是“夫物芸芸，各复归其根，归根曰静，静曰复命，复命曰常，知常曰明”。“夫物芸芸”，天地间万事万物的生长，不都是因为有根吗，植物有根啊；“复归其根”，野火烧不尽，春风吹又生，那就是因为草有根啊，所以才能够不停地一年四季的变换；“归根曰静”，在根的时候，没有长，什么东西都没有，就根在那，也没生长，也没发芽，也没长叶嘛；“静曰复命”，所以才能够来年再长出来，才能野火烧不尽，春风吹又生；“复命曰常，知常曰明”，复命才叫作常，这个东西才不变的，才是有常的，其他的花开了、叶发了、芽长了那是无常，一阵风吹过去花也凋了，叶也凋了，又进入冬天了，那个是无常。所以，归根曰静，你只有静的时候，才能够归其根，根是在地下，没有动静的嘛，然后到冬天蛰伏在那里嘛。“归根曰静，静曰复命”，到冬天蛰伏在那里，什么都不动，他就复命，到了春天之后才长出来，就是夫物芸芸，又成了芸芸众生。“复命曰常”，这个东西可以一年一年的生长下去，这个叫作常，这是真常，真性。

就像我们人在尘世中轮回，我们的身体死掉了，然后又投胎，死掉了又投胎，死掉了又投胎，这就像草在春夏秋冬长，长出叶子来了繁荣了，冬天凋零了，第二年又长出叶子繁荣了，冬天凋零了，第三年又长出叶子繁荣了，冬天凋零了，这个东西叫作复命，叫作真常。真常是因为有根，复命叫作真常，知常才曰明，什么叫作明？照见五蕴皆空就是明。用什么东西照？神光。什么是神光？元神，元神就是真常，就是不生不灭的东西，就是你的元神，他发的光就是神光，就是光明。所以知常曰明，知常是什么东西？是真常、真性、元神，元神就有光，所以知常曰明。什么叫作复命曰常，你生了死了，生了死了，投胎的都是那个元神，那个元神不灭，所以叫作复命曰常。归根曰静，静曰复命，你一天在跑跑跳跳，跑跑跳跳，咣当一下倒下去死了，肉身不动了，但是你的元神凝聚在那里，然后通过佛家讲的中阴身又投胎了，又复命了。

所以，夫物芸芸，各归其根，他讲当你“致虚极，守静笃”的时候，就会进入“夫物芸芸，各复归其根，归根曰静，静曰复命，复命曰常，知常曰明”。这就是我们说的“诸法空相，不生不灭，不垢不净，不增不减”，是不是不生不灭呢？是在生和灭之中，不停地生灭是你的肉身，是我们四维的时空，是我们在更高维度上看到的虚幻的世界，始终如一的世界，生的时候你在死，死的时候你在生，因为没有时间了，而你的真常、真性、真如、元神是不生不灭的。“是故空中无色，无受想行识，无眼耳鼻舌身意，无色声香味触法，无眼界，乃至无意识界，无无明，亦无无明尽，乃至无老死，亦无老死尽。无苦集灭道，无智亦无得。”《心经》用这么多字来形容诸法空相，但是老子用更逻辑的一些推理来讲，佛家和道家的区别大家可以看出来。佛家用很多语言形容，让你自己去体会，去慢慢地感觉，去悟，所以哪怕你文化程度很低，也可以信仰佛教。文化程度低不怕，慢慢去体会慢慢去悟呀。道家是用另外一种办法，因为道家的语言逻辑性很强，用很高深的道理去告诉事物背后的本质，这个很多人是不懂的。

究竟涅槃第四

以无所得故。菩提萨埵，依般若波罗蜜多故，心无挂碍，无挂碍故，无有恐怖，远离颠倒梦想，究竟涅槃。三世诸佛，依般若波罗蜜多故，得阿耨多罗三藐三菩提。

第一讲

前面我们讲了“诸法空相，无智亦无得”，这个时候他都已经没有生灭了，“无苦集灭道”，没有轮回了。然后在“无智亦无得”的情况下，会怎么样呢？“以无所得故”，因为没有“所得”，也就没有失去。“菩提萨埵”，简称菩萨。“菩提”是智慧，“萨埵”是真实的存在。智慧、觉悟真实地存在我们就叫菩萨，菩萨就是有智慧的人，觉悟了的人。这种有智慧、觉悟了的人是真实存在的，他已经不是人了，他是神了。他大觉悟、大智慧之后，留下的真实存在的就是他的智慧，那就是神，我们叫“菩萨”。

当然佛教不讲神，讲的是佛菩萨，道家才叫神啊、仙啊。

“以无所得故，菩提萨埵”，就是讲菩萨“依般若波罗蜜多故……”“般若波罗蜜多”指的是什么呢？“般若”是智慧，“波罗”是彼岸，蜜多就是极乐，合起来就是我们的《心经》。其实，菩萨就是按照《心经》的办法修行。正因为按照《心经》的办法修行，所以“心无挂碍”，心中没有什么可以挂碍的东西。“挂碍”指什么呢？“挂”指牵挂，牵挂就是“念”，挂念的那个念就是牵挂；“碍”指妨碍，有挂就会妨碍，妨碍什么？妨碍我们的光明。物悬留影啊，你心中只要挂着东西，他就有影子，那个影子就叫“无明”——没有光明。所以，你心里面只要有牵挂，就会留下影子，雁过留声，物悬留影，有影子就会妨碍光明，就是“无明”。

只有“心无挂碍”的时候，“无挂碍故，无有恐怖”。为什么？因为你没有“无明”，没有“无明”就没有恐怖，没有黑暗就没有恐怖，而没有恐怖就“远离颠倒梦想”。日本的《心经》多了两个字，“远离一切颠倒梦想”。日本的三藏版《心经》正文是262个字，我们中原的三藏版《心经》少“一切”两个字。一切就是所有，“一”是一个，“切”是全部，一就是全部，全部就是一，一个能够代表全部，全部也就代表一个，所以叫作“一切”。中医就是用“一切”的办法，用局部来代表整体：用舌象代表五脏，用寸口脉来代表全身，切脉切的是寸口一脉，切寸口一脉就切了全身，一代表切，切代表一。切是全部，所以叫一切。

“远离”，“远”是隔的很远，“离”是离开，“远”和“离”是近义词。“远离”什么呢？“颠倒梦想”。头在下，脚朝上，这就叫作“颠倒”，就是混淆是非、不分黑白的梦想。这些“颠倒梦想”挂碍在心中，妨碍了光明，出现了无明境地，你就恐怖。没有“颠倒梦想”，你就没有挂碍，没有挂碍就没有恐怖。

所以，依照《心经》的方法修炼，让你的智慧到达彼岸，“照见五蕴皆空”。“五蕴皆空”就“无无明”，心中就没有黑暗，你会发现没有“受想行识”，没有“眼耳鼻舌身意”，没有“色声香味触法”，没有“眼界”，没有“意识界”，你就没有“挂碍”，也就没有挂念。没有挂念就没有妨碍，没有挂念就“远离颠倒梦想”。没有妨碍就没有“无明”，就没有“恐怖”，然后究竟涅槃，圆寂灭度，成了佛。

“三世诸佛”，就是今世佛、未来佛和过去佛。他们都是“依般若波罗蜜多故”，都是依照《心经》这个秘密的修行法，得到“阿耨多罗三藐三菩提”。“阿耨多罗三藐三菩提”指的是什么呢？指所有的人都本自具足，所有的人都具有佛性。“自在菩萨”，每个人都可以成为菩萨。怎样才能成为菩萨？要得到无上正等正觉，也就是佛教讲的最高的智慧——开悟，元神开悟。“阿”是无，“耨多罗”是上，“阿耨多罗”就是指无上。“三藐”是正。“三菩提”，“菩提”是智慧，“三”是普遍的意思，就是大智慧，就是无上正等大智慧。

这段讲的是什么呢？讲的“究竟涅槃”，就是讲如何涅槃。

前面已经“无智亦无得”了，这个时候没有得就没有失。“以无所得故”就是世间的得失都与我都没有关系，整个宇宙世界跟我没有关系了。之后，“菩提萨埵”，就是指菩萨，菩萨就是“菩提萨埵”。“菩提”就是智慧，“萨埵”就是真实，他的大智慧真实存在，他就叫菩萨。而菩萨“依般若波罗蜜多故”，就是依照《心经》修行，“远离一切颠倒梦想”，就没有念了，没痴心妄想，就没有妄念了。没有念，就没有挂，没有挂就没有碍，就不会妨碍我们的光明，所以“心无挂碍”。没有碍，不妨碍光明，就没有无明。没有无明就没有恐怖，有黑暗他才恐怖。最后“究竟涅槃”，成佛。

阳虚的人就容易恐怖，大家去看我们的《重订伤寒杂病论》。在太阳病篇讲误治，讲到太阳病误汗惊狂。为什么误汗惊狂呢？就是误汗伤了阳气，阳虚就发生惊狂。“师曰：病奔豚，有吐脓，有惊怖，有火邪，此四部病，皆从惊发得之。”“师曰：奔豚病，从少腹起，上冲咽喉，发作欲死，复还止，皆从惊恐得之。”“太阳伤寒者，加温针必惊也。”这些条文讲的就是恐怖。“发汗过多，其人叉手自冒心，心下悸，欲得按者，桂枝甘草汤主之。”比如有个人在前面走，你从背后叫他一声“张三”，他用手捂着胸口，“哎呀，吓死我了，心都给我吓出来了！”用什么方？用桂枝甘草汤，他有恐怖，他阳虚。他为什么会恐怖呢？因为他“无明”，他有阳虚嘛，阳虚有“无明”，他这盏灯没有点亮。所以我们用桂枝甘草汤温心阳，还可以治疗颠倒梦想。“邪哭使魂魄不安者，气血少也；血气少者属于心，心气虚者，其人则畏，合目欲眠，梦远行而精神离散，魂魄妄行。阴气衰为癫，阳气衰为狂”。桂枝甘草汤既可以治恐怖，又可以治噩梦纷纭，颠倒梦想。为什么？桂枝温心阳，同时又是少阴病的镇静剂，正因如此，所以可以治恐怖，可以治颠倒梦想。比如防己地黄汤证“独行狂语”，这些都是因为他“无明”，因为阳虚。“阳气者若天与日，失其所则折寿而不彰”，这是中医讲的。

“心无挂碍，无挂碍故，无有恐怖，远离一切颠倒梦想，究竟涅槃”，就成佛了。三世诸佛都是依照我们《心经》的秘法，得到了“阿耨多罗三藐三菩提”，也就是无上正等大智慧，就是佛。

第二讲

前面讲“无智亦无得，以无所得故”，为什么要“无智亦无得”？因为如果有“得”就“心有挂碍”。“无所得”就是智慧（智慧就是菩萨、大智慧），三世诸佛“依般若波罗蜜多故，得阿耨多罗三藐三菩提”，就是得道。也就是说，你没有大智慧，没有得道。什么叫作没有？无所谓了，就是得不得到这个大智慧，成不成佛不重要，你已经不再执着于得道或者成佛了。空相，诸法空相，当得道成佛、成菩萨，对你已经没有任何意义了，你就已经得道了！当“无智亦无得”，只有你没有大智慧，没有得到“阿耨多罗三藐三菩提”，你才具有大智慧，你才具有“阿耨多罗三藐三菩提”。所以，“无智亦无得，以无所得故，菩提萨埵”，你就成菩萨了。菩萨就是依照《般若波罗蜜多心经》修行。

“心无挂碍”到连成佛我都不要了，成菩萨我都不要了。心比身大。我们活在哪里？我们活在我们的心中，心外无物。我所看到的整个宇宙、整个世界都是由于我的念而产生的，都是由于我的心而产生的，当我心都没有了的时候，这个世界不复存在，这个四维的时空就没有了。原来不是我们心活在我们的身体里面，而是我们的身体活在我们的心里面，活在我们心所创造出的这样的一个世界之中。当“心无挂碍”的时候，“远离一切颠倒梦想，究竟涅槃”，也就是我们道家所讲的粉碎虚空，这就叫得道。道家讲得道，佛家讲涅槃。

第三讲

这一讲谈一下薛定锷的那只猫。

我们说相对论解决一个什么问题？它解决一个“有”和“无”的问题，也就是我们的“色”和“空”的问题，也就是我们这个客观物质世界的时间、空间和物质之间的关系。佛家讲“色”和“空”，道家讲“有”和“无”，在讲它们之间的关系。薛定锷的那只猫啊，是在讲常与无常的关系，就是恒与无常的关系。所谓恒与无常的关系，也就是确定性与不确定性的关系。常与恒是一种确定性的对应关系，我们知道有很多的规律，它一再重复这个就是事物的确定性。薛定锷的那只猫解决的是什么呢？确定性和不确定性之间的关系。这个不确定性也就是佛家讲的无常。你要去确定一个实物，首先需要参照系。你只有有参照系，才能够确定一个事物的状态。当你确定了它这个状态的时候，它其他的状态也就坍塌了。也就是说你所确定的事物的状态，仅仅是你选的参照系确定的事物的状态。事物的状态有很多种，只是因为你确定了它的这一种可能，其他的可能坍塌掉了。而当你处于无我的状态的时候，实际上存在着各种可能，这个就是我们佛家讲的无常。

我们普通人所感知到的这个世界，在经典力学的范围之内。因为时空是绝对的，时空是不变的，所以我们感知到经典力学范围内的物质运动的规律。而在相对论的理论之中，时空是变化的，它是一个新的参照系，时空是在变化的，所以它能解决高速运动的物体的规律。而量子力学认识到在微观的状态之下，确定性和不确定性之间的关系。比如说确定性，每天太阳从东方升起、西方落下，这是个很确定的规律，对吧？可是如果明天你死了，你还能够确定太阳是从东方升起、西方落下吗？其实是无法确定的。

举个例子，我们抛硬币，硬币有正面和反面，其实我们根本不知道下一次抛出的硬币是正面还是反面，虽然我们知道每一面的概率是百分之五十。这是我们知道物体运动的轨迹——概率是百分之五十，但是，我们却不知道下一次抛硬币究竟是正面还是反面，一旦我们确定了下一次抛的硬币是正面，反面就坍塌。如果下次抛的硬币是反面，那么正面出现的可能也就坍塌了。所以这次抛硬币是正面的这种确定，其实来自于不确定，来自于无常。

由这个不确定性，也就是这个恒与无常的关系，就引申出来了得与失的关系。就是你所谓的得，它本质上是失去。这个在经济学上叫作机会成本，也就是指你在同一时间之内，你只能够选择一种状态。当你这种状态确定的时候，其实你就失去了其他状态存在的可能性。举个例子，你现在有五万块钱，有两只股票，等你把这五万块钱都买了股票 A 的时候，你就失去买股票 B 的机会。那么你怎么知道 A 一定会涨，而 B 一定不会涨呢？这是不确定的。只有你买了 A 涨了之后，你才会确定 A 一定会涨，跌了之后你才会确定 A 一定会跌，虽然你事前有多种判断。那么，你买到股票 A 的时候，你就失去买股票 B 的机会，这就是机会成本。换言之，你得到股票 A 的时候，你就失去了股票 B。

《心经》讲的“无智亦无得，以无所得故，菩提萨埵……依般若波罗蜜多故，得阿耨多罗三藐三菩提”，就是讲的得与失的问题。由“色”与“空”，我们可以看到恒与无常，然后可以看到得与失的关系。正因为这个世界是无常的，存在着各种不确定性，当你获得一种确定性的状态的时候，其实你就失去了各种不确定性。所以说“以无所得故”，你才能够到达彼岸！

我们刚讲了得与失的关系。两个问题，一个问题是你得到就是失去，由确定性与不确定性引申出来得到就是失去，得到是一种确定性，你就失去了各种不确定的可能，这是第一个得与失的关系。“以无所得故，”因为没有得到，“菩提萨埵，依般若波罗蜜多故，心无挂碍，无挂碍故，无有恐怖，远离颠倒梦想，究竟涅槃”。所以，“究竟涅槃”，要“无有恐怖，远离颠倒梦想”，才能究竟涅槃。那么如何才能够做到“无有恐怖，远离颠倒梦想”呢？“心无挂碍”。如何才能做到“心无挂碍”呢？“以无所得故，菩提萨埵，依般若波罗蜜多故，心无挂碍”。如果我们把“菩提萨埵，依般若波罗蜜多故”拿掉，就是“以无所得故，心无挂碍”。你没有“得”，你就能做到“心无挂碍”。为什么呢？没有“得”，你的心里面是空的，空的哪有什么挂碍啊！所以，“以无所得故”，“无所得”就是空，空就“心无挂碍”，“心无挂碍”则就“无有恐怖，远离颠倒梦想”，你才能够“究竟涅槃”。

那为什么是“无智亦无得”呢？“智”指的就是“般若”，就是我们的大智慧、觉悟，也就是我们讲的性光、元神。这个时候我们的性光、元神、智慧和觉悟都要没有，这指的是什么？这指的就是我们道家的粉碎虚空。只有当你粉碎虚空的时候，才是“无智亦无得”而“究竟涅槃”。在粉碎虚空的那一刹那，就是你涅槃的时候。

什么是虚空？虚空就是我们的时空。因为“色即是空”，物质它是空相。那么时间和空间所构成的我们的四维时空，它就是虚空。道家的最后一步，炼精化气，炼气化神，炼神返虚，练虚合道。他是如何练虚合道？他就要求粉碎虚空。这个时候“无智亦无得”，“究竟涅槃”。“以无所得故，菩提萨埵”，他就成为菩萨了，“依般若波罗蜜多故”，按照《心经》修行，“究竟涅槃”，灭度了。所谓的苦海，是在我们这个连续刚性时空中的苦海，如果时空都没有了，那就没有苦海了。所以，粉碎虚空，才能羽化飞升，这是道家讲的，而佛家讲的是“究竟涅槃”。

第四讲

《上古天真论》讲：“夫上古圣人之教下也，皆谓之虚邪贼风，避之有时，恬淡虚无，真气从之，精神内守，病安从来。是以志闲而少欲，心安而不惧。”“心安”就“不惧”，“心安”指“心无挂碍”；“不惧”指“无有恐怖”。“心无挂碍，无挂碍故，无有恐怖”，也就是《上古天真论》讲的“心安而不惧”。最后怎么呢？最后“远离一切颠倒梦想，究竟涅槃”。有“一切”是日本版本，中原版是“远离颠倒梦想，究竟涅槃”。“涅槃”就是圆寂、灭度、寂灭。“圆”，神光圆满的意思。“寂”，《道德经》第二十五章讲：“有物混成，先天地生。寂兮寥兮，独立而不改，周行而不殆，可以为天地母。”这个“寂兮寥兮”，就是“致虚极，守静笃”，这就是我们讲的“寂”。“灭”指什么？“不生不灭”，死亡。“度”就是什么呢？离开六道轮回，到达“波罗”彼岸。所以，“涅槃”就是讲的圆寂，寂灭、灭度，神光圆满，达到寂静的状态。神光圆满，达到寂静的状态。寂静的状态达到缘起缘灭，缘灭之后到达”波罗”彼岸——极乐世界。神光圆满，进入寂静状态，寂静状态缘起缘灭，灭了之后脱离苦海，到达“波罗”彼岸，这就是讲的圆寂、寂灭、灭度，也就是涅槃。涅槃就是死亡，肉身没有了，跟死亡也不一样的，他的“般若”，他的智慧到达了快乐的彼岸，但他的肉身毕竟是没有了。

而道家讲道生，在道家看来，人要“寿蔽天地，无有终时”，有两种情况：第一种情况，“无形无患，不生不化”，这种状态仅仅有神光圆满，只有神光，没有形，也就是没有生化的器皿。《六微旨大论》认为形就是一个器。这个器拿来干什么？这个器是生化用的。“是以升降出入，无器不有。故器者生化之宇，器散则分之，生化息矣”。肉身就是个器皿，生下这个器皿，就是拿来供生化所用的。所以形仅仅是个器皿而已，这个器皿你可以不要，不要这个器皿，就可以无形无患。器就是佛家讲的皮囊，就是一个房舍。舍谁？舍神。神位要守在我们的肉身里边，神不守舍就要得一些特殊的病。而这个皮囊、这个舍、这个器、这个形可以没有，没有形就没有生化，只有神光。那就是佛家讲的“般若”，道家讲的神光就是佛家讲的“般若”。涅槃之后只有神光出现，这是一种情况。

第二种情况就是道家讲的道生。佛家讲的“涅槃”是讲死，教你如何死，怎么个死法，如何才能做到“涅槃”，如何才能快乐的死，让你的“般若”神光到达极乐的彼岸。而道家教你生，讲如何才能道生，“寿蔽天地，无有终时”。如何道生？第一个原则：“提挈天地，把握阴阳”。因为人法地，地法天，天法道，道法自然，人生于地，悬命于天，故非天不生，非地不长。第二个原则“呼吸精气，独立守神，肌肉若一”，“呼吸精气”就是我们讲的气，“独立守神”就是我们讲的神，“肌肉若一”就是我们讲的形。这是道生的过程，结果是“寿敝天地，无有终时”。

佛家和道家一个很重要的区别是佛家修死，道家修生，所以佛家告诉你怎么个死法，道家告诉你怎么个生。你修道修不成，至少可以益寿。按照《黄帝内经》讲的贤人可以益寿，就是活个八九十岁。如果你到了圣人，你就能够度百岁而去。如果你到了至人，那你就超过 100 岁，你就能够活个两三百岁了。那如果你道生，就是真人了，“与天地同寿，与日月同光”。你要道生有个过程，不管你是贤人、至人、圣人、真人，基本修行的方法是一样的，只是水平不一样。

那基本的方法是怎么样的呢？第一步是归根，《道德经》第十六章讲：“致虚极，守静笃，万物并作，吾以观复。夫物芸芸，各归其根。归根曰静，静曰复命。”《道德经》第五十九章讲：

“是谓深根固柢，长生久视之道。”你要归根，归根才能复命，即所谓的“提挈天地，把握阴阳”，《四气调神大论》讲了如何“提挈天地，把握阴阳”。“夫四时阴阳者，万物之根本也。所以圣人春夏养阳，秋冬养阴，以从其根，故与万物浮沉于生长之门。”只要能够归根，就能够长生久视。什么叫作长生久视？度百岁而去。第一步你能够做到益寿，活到八九十岁到一百岁之间，这是贤人的水平。所以首先是归根，归根才能复命，那就是归根就能做到贤人的水平。

第二步要归一。归根的目的是为了要归一。《道德经》第二十五章说：“有物混成，先天地生。寂兮寥兮，独立而不改，周行而不殆，可以为天地母。吾不知其名，字之曰道，强为之名曰大。大曰逝，逝曰远，远曰反。故道大，天大，地大，人亦大。域中有四大，而人居其一焉。人法地，地法天，天法道，道法自然”。归一归的是什么？归的是道。“道生一，一生二，二生三，三生万物。万物负阴而抱阳，冲气以为和。”所以《道德经》第三十九章：“天得一以清；地得一以宁；神得一以灵；谷得一以盈，万物得一以生”就要让你归一，归到道上面去。

第三步致柔。《道德经》第十章讲：“载营魄抱一，能无离乎？抟气致柔，能婴儿乎？”就是你要回到什么？你要回到婴儿的状态，也就是所谓“知其雄，守其雌，为天下溪，为天下溪，常德不离，复归于婴儿，知其白，守其黑，为天下式”，就要让你“知其雄，守其雌”，“知其白，守其黑”也就是要“抟气致柔”，能够回到婴儿的状态。这就是道家讲的返还先天。所谓前三三，后三三，两个三，一线穿，只在其中颠倒颠，顺成人，逆成仙。前面三个穴位，后面三个穴位，这两个串起来就是任督二脉，只在其中颠倒颠，把气血、精血的运行方式给颠倒了。从太冲，下面的少阴而上，至太阳，然后经广明，再到气海，这就是气血逆行，叫作河车逆运。通过精血的逆行，达到“复归于婴儿”，就是形成先天的状态。这个就是致柔。

致柔就要求“知其雄，守其雌”，“知其白，守其黑”，做到“骨弱筋柔而握固”。先天的小孩儿，他皮肤好嫩哦，筋骨好柔哦，生下来，手是握紧的，这叫“握固”。所以，老子讲柔弱胜刚强，就是以柔可以克刚，运柔可以成刚。如果你不柔，会出现什么问题？这就是我们《黄帝内经·阴阳别论》所讲的“阴之所生，和本曰和。是故刚与刚，阳气破散，阴气乃消亡”。“阴之所生，和本曰和”，和于什么？和于阴。“是故刚与刚，阳气破散，阴气乃消亡”，所以他要“抟气致柔”，否则“物壮则老，是谓不道，不道早已”。这就是盛极而衰。盛极，是不道的，不道早已。所以叫作“天下之至柔”，而我们“驰骋天下之至坚”。“人之生也柔弱，其死也坚强”，生的时候人是柔弱的，而死的时候人是坚硬的，一具尸体。所以“强大处下，柔弱处上”，“弱之胜强，柔之胜刚”，“见小曰明，守柔曰强”，你要强你要致柔，通过致柔，回到先天，回到先天，你就归于一。所以，通过致柔才能够回到婴儿，也就是归根。归根之后你才能够归一，回到“有物混成，先天地生”的状态。

然而“人之道，则不然，损不足以奉有余”，穷的越来越穷，富的越来越富，明明没有满还要泻，满则盈，不满反而要泻。“天之道，损有余而补不足，人之道，则不然，损不足以奉有余”。所以“为道日损，损之又损，以至于无为”，所谓“为道日损”，就是让你无为，不要妄动，身不要妄动，心不要妄动，房不要妄劳。不要今天想去当市长，明天想去当省长……官想当的越来越大；不要看这个不顺眼，看那个不顺眼，对吧？也不要妄于劳房，所谓的“醉以入房，以欲竭其精，以耗散其真”。所以“为道日损”，“为道日损”是让你无为，减法生活“无为而无不为”。

这里就讲到一个无为，“道常无为而无不为”。你要做到无为，就要做到日损，“为道日损”你才能够无为。所以道家讲的归根归一，致柔无为，这是他的修炼方法。我们看到道家偏重于修形。除了神光圆满，无形无患，不生不化，就像佛家涅槃的这种世外法，道家还有世间法。道家的世间法告诉你归根归一，致柔无为，也可以道生，活在这世间。但是他的这种修行的办法，是有为法。按照《金刚经》的说法是“诸法空相”，“一起有为法，如梦幻泡影，如雾亦如电，应作如是观”。佛家认为一切有为法都是梦幻泡影，不可能长生不死。而道家的有为法为什么可以长生不死呢？道家的归根归一、致柔无为，虽然你看他的修行在练河车搬运、在炼大小周天，但是最后的目的还是要炼神返虚，粉碎虚空，最终的结果他还是要到无为法的境界，他才能做到道生。不外乎一个从无入手，一个从有入手；一个从性入手，直接修他的神光；一个从命入手，修他的皮囊，最终都是达到炼神返虚，粉碎虚空。当然道家从命入手，从形入手，从这个皮壳入手，他的好处是什么？他至少可以让你长生，就是说你修行的水平不一样至少可以延年益寿，你可以活八九十岁，也可以度百岁乃去，你也可以像至人活到200岁。那当然你达到了炼神返虚，粉碎虚空，你就能够像真人一样，与天地同寿。所以他们下手的功夫不一样、渠道不一样，而最终的结局大家可以去比较。

第五讲

“提挈天地”，那么如何才能够提挈天地呢？天地运行的规律是什么呢？那就是我们《黄帝内经》七篇大论里讲的五运六气。也就是说天道六，地理五，天道六——六气，地理五——五运，地理应六节气位，而六气应五行之变。六气——风寒火热燥湿，五行——金木水火土，五行应六气这叫地理之应六节气位。六气应五行之变，说的是天是气，地是形，天的六气对应着地的五行。怎么去对应呢？它配上干支，配上天干和地支。

“言天者求之本，言地者求之位，言人者求之气交”，这是《素问·六微旨大论》讲的。这叫天覆地载，万物始生，人生于地，悬命于天，那么你要找气交。“岐伯曰：初者地气也，中者天气也。帝曰：其升降何如？岐伯曰：气之升降，天地之更用也。帝曰：愿闻其用何如？岐伯曰：升已而降，降者谓天；降已而升，升者谓地。天气下降，气流于地；地气上升，气腾于天。故高下相召，升降相因，而变作矣。”那么这个过程之中，你在发生生长化收藏，生长壮老已。如何才能够提挈天地，做到不生不化，无形无患？“岐伯曰：不生不化，静之期也。帝曰：不生化乎？岐伯曰：出入废则神机化灭，升降息则气立孤危。故非出入，则无以生长壮老已；非升降，则无以生长化收藏。是以升降出入，无器不有。”所以说每个人都有生化，不可能不生不化，一般人做不到。

怎么才能做到？“故器者生化之宇，器散则分之，生化息矣。故无不出人，无不升降，化有大小，期有近远，四者之有，而贵常守，反常则灾害至矣。”就是说你做不到不生不化，是因为你有器，器散，就是肉身尸体都腐烂了，才能没有生命，而活着的人就有生化，就有升降出入。什么人才不生化？“故曰：无形无患，此之谓也。帝曰：善。有不生不化乎？”他还在问，前面岐伯都说了没有不生不化，所有人都有生化，所以生命都是有截止的。为什么呢？“是以升降出入，无器不有”，器就是形质，你只要有肉身你就有升降出入。你怎么才能没有？黄帝也是打破砂锅问到底啊，岐伯也没办法了，岐伯怎么说？“悉乎哉问也。”你问的真好，刚才都跟你说了，没有不生化，但是你问得太好了，

“与道合同，惟真人也”。哦，原来真的是有不生化的，“无形无患”，那是真人也。

所以你要做到不生不化，你要提挈天地，把握阴阳。天地运行的规律是五运六气。五运六气是我们古人认识世界的空间结构。我们讲过标本法，那是立体的，那是空间结构，再配上天干地支那就有时间了，有时空啊。你要做到不生不化，提挈天地，就要粉碎虚空，时间空间都没有了。

佛家讲不生不灭，那么怎么才能做到不生不灭呢？《心经》讲了他的办法，直接从神上入手，明心见性，得大智慧。而道家讲得更具体了，他讲如何做到不生不化，只有不生不化，才能够不生不死。道家讲生死，佛家讲生灭，最终结果是道生，合于道。

第六讲

佛家讲涅槃、讲寂灭，道家讲道生。《上古天真论》说：“黄帝曰：余闻上古有真人者，提挈天地，把握阴阳，呼吸精气，独立守神，肌肉若一，故能寿敝天地，无有终时，此其道生”。这段话在讲道家的道生是不生不灭，而不是佛家讲的寂灭。

怎样才能做到道生呢？我一句一句跟大家讲。第一，“提挈天地”。人法地，地法天，天法道，道法自然。提就是挈，挈就是提，这两个字的意思是相近的。从术的角度上讲，大家都知道太极拳和打坐有个“虚领顶劲”，就是要把头顶着天。“虚领顶劲”这是很“术”的层面。更重要的一个层面是什么呢？我们讲奇经八脉的时候讲过天门、地户，天门闭、地户开人就进入了常人的生活方式，然后地户闭——地道也坏了，然后形坏无子，然后慢慢就老死掉了。“提挈天地”就要求关地户，开天门。地户指的是什么？会阴穴。天门指的是什么？百会穴。这也就是道家讲的“火烧红底泄天机，红炉白雪满天飞”，关地户开天门，接收宇宙的信息，回归到自然。这是第一个。

第二，“把握阴阳”。道生讲的“把握阴阳”，还不是后世讲的真人。后世讲的真人是“中古之时，有至人者，淳德全道，和于阴阳”。这讲的是“和于阴阳”，而“和于阴阳”与“把握阴阳”不一样。另外还有贤人——“法则天地，像似日月，辨列星辰，逆从阴阳”，所以“和于阴阳”“逆从阴阳”分别属于后世讲的真人和贤人的范畴。而道生要做到“寿敝天地，无有终时”，需要“把握阴阳”。

为什么要“把握阴阳”呢？因为“阴阳者，生杀之本始”。就是从精卵相授，两套 DNA 合二为一，发生阴阳交媾。我们说天气下降，地气上升，天覆地载，万物始成。而在人是什么？精子和卵子受精，受精以后两套底层代码合二为一，阴阳交媾。阴阳在人身上分成三种状态：第一是阴阳交媾，第二是阴阳离合，第三是阴阳离决。阴阳离决那就死掉了，对吧？阴阳离合，我们在

《内经发挥·阴阳》里面会详细地讲。阴阳交媾，我们在《伤寒杂病论研究》里面讲过了这个问题。

所以，人是由这套底层代码所决定的。这套底层代码，又有三种情况发生改变。一种情况是底层代码的演进。底层代码的演进就是两精相搏的过程中，人产生孩子，这个孩子的一套染色体来自于父方，一套染色体来自于母方，不停地交配优化，这是我们这套底层代码的演进。第二个，这套底层代码可以修饰。修饰就是西医讲的表观遗传学的改变，可以使某些基因表达，某些基因不表达，某些基因表达水平上调，某些基因表达水平下调。第三，这套底层代码可以被篡改，就是发生突变与重组，而这套底层代码的篡改、突变与重组，常常是导致恶性肿瘤的原因。而底层代码的篡改可以发生于一条染色体，也可以发生于两条染色体，可以呈现为杂合子，可以呈现纯合子。而当这套底层代码一旦开始精卵相受，开始转录之后，两套染色体合二为一之后，天数就开始了。随着细胞的分裂增殖，它的断裂不断缩短，人的寿命就由天数来决定了。大概是多大的天数呢？大体上是在两百四十年，人的极限寿命是在两百四十年左右，就相当于我们一天十二个时辰，二十四小时，大体上是这么个意思。一般认为是在一百二十年到两百四十年。

怎么去“把握阴阳”呢？我跟大家举个例子，比如乳腺癌的患者她是阳虚的，就表现为寒性很重、阴性很重，而且她还可以感受阴性的邪。什么叫作阴性的邪？可以理解为风寒火热燥湿，也可以理解为其他。不管怎么样，她体内寒性很重、阴性很重，但是她肿瘤局部又表现为有热，我们叫作癌性炎症——肿瘤相关的炎症。你看她局部肿瘤可以表现为体温增加，用红外线去检测，局部的红外线吸收增加，皮肤温度增加，血供增加，炎性递质释放。她这种局部的热是什么呢？她这种局部的热会进一步盗取全身的阳气，导致全身的寒进一步增加。这里面就有问题了，肿瘤究竟是寒、还是热？我们不泛泛地讲肿瘤，我们就讲乳腺癌是寒还是热，大家去思考。我们讲阴阳之中有阴阳，这就是道家讲的男子怀胎笑煞人。他讲男子怀胎，第一个在肚子里结丹——内丹术。其实你想与肿瘤也有很多可类比的地方。

接下来要求你什么呢？“呼吸精气”。也就是一般讲的呼出心与肺，吸入肝与肾。呼出心与肺——呼出心肺之气，吸入肝与肾——吸养肝肾之精，这就是我们讲的呼吸精气。吐纳之术，后世有很多，道家有很多版本、很多流派。

然后“独立守神”。“独立”是两个词，独是指自己，为什么只有自己呢？心外无物，宇宙之中只有自己，心外无物。立是指什么呢？立是站立、站着的意思。这个立，你躺着，飘在云端也是立；你坐着，坐在莲花宝座上也是立；你站着，立于天地之间也叫立。独立以后你要守神。加上前面讲的“呼吸精气”，形气神就有了。为什么要守神？因为我们大脑有皮层和皮层下系统，我们看到的宇宙并不是真实的宇宙，每个人看到的宇宙都不一样。你看到的事物是光线经过你的瞳孔所成的像，而这个像要经过你的大脑的加工，最后才是你肉眼所看到的事物。所以你心情不同，你看到的事物也不同；你注意力不同，你看到的事物也不同。如果你关注一件事，旁边有人经过你也不会知道。当你看到你心爱的人的时候，你眼里只有她。我们看到的世界，并不是原原本本真实的世界。而且我们皮层下的系统对我们皮层的世界在进行加工，“致虚极，守静笃”，当你皮层活动处于高度抑制的时候，皮层下的核团兴奋，这个时候它们会对我们物质世界进行加工，形成医学讲上的幻觉。

医学上讲是幻觉，《心经》讲是“色”，就是你在打坐的时候出现种种异象，身体极大，身体极小，宇宙极大，宇宙极小，你可以听见很远的声音，你可以闭着眼睛看到东西，等等。这些就是当我们皮层核团受到抑制的时候，皮层下的核团兴奋，会产生西医所谓的幻觉。《心经》讲“色不异空，空不异色，色即是空，空即是色”，那么，这个“独立守神”，我们讲了会导致皮层下系统的兴奋，而这个兴奋所出现的这种色是空，这种西医所谓的幻觉在《心经》认为是空。你进一步的打坐，然后会发现这个也没有了，你的这个极大极小等种种感受也没有了。这个时候会出现道家讲的“红炉白雪满天飞”，你会看到神光，你看菩萨背后都有一个光环。

而我们的神有两个要求：第一要神守其位。这个躯壳就像一个房子一样，心、肝、脾、肺、肾五脏都在管我们神的不同的东西，神守其位而不能够神失其位。房子嘛，你不住，自然有别人住。第二要神光圆满，就是你的神要充足。你只有神光圆满之后，才能做到肌肉若一。肌肉若一指的是我们的形，你的神才可以御你的形。我们一般是以形养神，就是我们吃饭啊等等，你不吃饭就没有精神嘛，饿的你天旋地转的没精神。我们的形是拿来养神的，以形养神，形没有了神就没有了，人死如灯灭，人死了他的神也就没有了。道生要做到什么？要做到以神来御形，甚至你的神可以离开你的形而存在。最终是“寿蔽天地，无有终时，此其道生”，他把天数破了。

我们讲这一段话，就是讲道家的道生和佛家的涅槃是有区别的。佛家说人是个皮囊，这个皮囊要不要都可以。搞明白了就可以不要，你可以圆寂，这世不成还可以修下世。但是道家说这个皮囊还是挺重要的，你得先把你的皮囊搞好，所以他练精化气，练气化神，以形来养精，以神来御形，达到“寿蔽天地，无有终时，此其道生”。

我们讲这段话的时候，你就会发现，这段话涉及我们医学的理论。你要把这段话和我们的《黄帝内经·本病论篇》结合在一起，什么叫神失其位，什么叫神光不满，又会得些什么七七八八的疾病，出现了这些情况又该怎么办。所以你会发现佛家和道家的一个区别：道生修的是生，圆寂、寂灭修的是灭，一个教你如何活，一个教你如何死。但是生死之间，其实生死相依。你把这个问题想明白了，其实生和死没那么大的区别，但是他们的侧重确实有不同。

第七讲

我们继续讲《心经》的心无挂碍。无碍是修行的第一步，入定首先要心无挂碍。心无挂碍换一个说法大家可能更好理解，我们不用《心经》的说法，我们用《 宗镜录》的说法。中国的历史在唐之后有五代十六国，五代时期有一本书叫《宗镜录》。书名起得很有意思，祖宗的宗，镜子的镜。如果不知道《宗镜录》名字是什么意思，它还有一个名字叫《心镜录》，以心为镜。道家还有一个说法叫作镜心亭，用这个镜子去照自己的心。《心镜录》的一个核心思想是讲无心应物，有一句很经典的话“举一心为宗，照万法如镜”。所以叫《宗镜录》，又叫《心镜录》。它的核心思想是无心应物，我们生活在世界之中，有打雷啊，有下雨啊，婆媳关系不和啊，夫妻吵架啊，工作不顺啊，等等，各种事物来了，都要无心应对。为什么无心应物呢？后面说了一句“缘化万有”，围绕你身边的万事万物，不外乎缘起缘落，所以无心应物，缘化万有。既然是无心应物，那么所有的万事万物在你心中都不会引起挂碍。如果不挂碍，就能做到不物悬留影。只要有挂碍就会有阴影，有阴影的地方就没有光明，所以《心经》讲要“无无明”，玲珑剔透身，无无明的前提是心无挂碍。今天我们就讲怎样做到心无挂碍。

道家对这个问题，还有一种说法，真常应物。真常是什么东西？我们给大家讲无常，大家就知道真常了。无常有黑无常、白无常，万事万物都是无常的，活着是偶然的，死亡是必然，今天在这里听课，明天看不看的到太阳两说，我们有很多人莫名其妙就死亡了，人生是无常的。但是还有真常，用真常去应物。什么是真常？真常得性，也就说，真常是你的性物。什么是性物？就是你的元神。我们讲性命双修，性就是修你的元神，明心见性，真常得性，也就是说用真常去应物。真常应物出自道教《清净经》，这四个字太简单了，不好懂。换一个说法，用十个字来解读你就明白了，吕祖（吕洞宾）的《百字碑》讲“真常须应物，应物要不迷”。也就说在你身边的万事万物，应物要用真性和本性。应物要不迷，如何不迷呢？不能够进到万事万物之中。

我们讲三界：地界、人界、天界，又叫欲界、色界、无色界。欲界有三个层次，第一个层次是淡定从容，遇着事情不要着急。《道德经》讲上善若水，用水的办法去处事，“水利万物而不争”。水帮助我们的世界，“而不争”，不居其功。也就是说，我们要像看电影一样看待周围的人和事，只有这样才能够做到“应物要不迷”，就能够不陷入周围的人事之中。第一是要不迷，不能够被欲界的各种事情所迷惑，像水一样以柔克刚，利万物而不争。然后还要澄心，澄是干净的意思。澄心就涉及德的问题，也就是《心经》讲的不垢不净，这是在无色界。在色界讲究垢与净，“身是菩提树，心如明镜台，时时勤拂拭，勿使惹尘埃”，这是讲在色界的境界，还有干净与脏的区别，也就是王阳明讲的“此心光明，夫复何求”。澄就是干净、心里干净，由欲到澄到静是三个境界。欲，我们讲了淡定从容地处理问题；澄，此心光明；然后才能入静。

由澄到静之间，就是我们讲的欲界的第二个层次：一念不起。做到一念不起的前提是要澄。怎么做到澄？把你心里那块田打扫打扫，今天觉得别人的老婆好看，明天想做人家的官位，后天嫉妒别人有钱，谁过得比你好你心里就难受，这时候是很难做到一念不起的。因为你的心太脏了，乌七八黑。现在人大部分都乌七八黑的啊，你看他坐下来打坐，各种念头，念起念没。你想想你的念头都是什么？一念不起之前，你先想想你的念头都是什么，否则做不到一念不起。如果你的念头是“哎呀，邻居家出门了，他的小孩自己在家里，哎，今天忘了给他带东西，明天我给他做一块蛋糕，给小朋友吃；哎呀，邻居住着一个婆婆，她儿子不在家啊，她每天进城买菜多难啊，我先给她买点菜，有钱给我，没钱算了，要不一个老人家不方便呀；哎呀，我还有好多病人啊，那个病人的情况我还没想到办法治啊，怎么才能把他治好呢……”这些念头起都可以，这些念头都是干净的。这些念头起来不怕，明镜光影，就如《金刚经》讲的“如梦幻泡影，如露亦如电，应作如是观”。这些念头，你让他起来、掉下去，念来就来，念去就去，不要去追。那么两个念头之间就是定，这念头已经下去了，那就是过去，下一个念头还没起来，那就是未来，过去和未来之间就是当下。刚才那个念头“哎呦，我本来想给他五块钱的，忘了，算了，明天再给吧”，下面又起个念头“哎呀，我昨天还有个病人的药没拿走，下次记得提醒他”。两个念头之间，那一刻就是当下，前面是过去，后面是未来，那一刻就是当下。那一刻就能定，就在那一刻一念不起的时候，就可以入定。慢慢拉长它的时间，就能够入定。这些念头起起伏伏，你的心就像我们讲的《心镜录》，就像镜子一样，看光和影在镜子上面起起伏伏在跳舞，中间间隙的时间就是你入定的时间。所以，我们叫作如明镜光影、风雷雾电、镜花水月。这是欲界的第二步。

欲界的第三个层次是波澜不惊。在打坐的时候，周围环境经常有声音。比如，房门嘎达响一下，有个人开门，来电话，都有声音。你注意听到声音时，你心里基本上都会紧张一下，你的心率会加快，你的意识突然之间紧张一下，只是程度不同而已，尤其是在打坐的时候感觉更明显。如果在打坐的时候，周围环境的声音完全不能够引起你意识和心率的改变，你就做到了波澜不惊。所以，道家有的人在闹市打坐，佛家密宗有人睁开眼睛打坐。在环境的刺激下做到波澜不惊，叫作“视之不见，听之不闻”。看到的、听到的都不能够引起你心率的改变、心里的紧张、意识的变化，此时你就可以入定了。

我们说在欲界的层面上，首先要淡定从容，周围的事看得淡一点，以柔克刚，顺其自然。这两年我们太湖学院做了很多的事情，尤其是2017年，很多事情是顺水推舟、水到渠成、随波逐流，这也是做人的三个境界。今年我有些变化，第一是顺水推舟，事情到了推一把，帮帮别人。帮别人不是说他什么都没有，这怎么帮他啊？他事情到了就差一个坎，顺水推舟给他一把力，帮帮人，他就过去了。水到渠成，时机不到这件事情先放下。随波逐流，波浪把你推起来你就起来，波浪下去你就下去，不用自己在浪头做弄潮儿，很危险、也很难受。所以，对待周围的事物要淡定从容。这在儒家讲的很多，儒家讲物心身，我们在“九层炼心话中医”讲了儒家的物心身。如何去看待物心身，也就是儒家王阳明讲的“此心光明，夫复何求”。

淡定从容地对待周围的事物之后，打坐的时候能够做到一念不起。当然，做到一念不起要记住“欲、澄、静”之间的关系，由欲界到此心澄明（也就是干净）到入静（也就是入定）之间，有个递进关系。“欲、澄、静”换言之，我们换用三个字你就明白了——“净、静、寂”。第一个“净”，心里要干净，不要乌七八黑的；第二是静，入定；第三是寂，“无无明，亦无无明尽”，要练就七巧玲珑心。一念不起之后是波澜不惊，外部环境的变化不能引起你身心的改变，这仍在欲界。

过了欲界的境界然后到了色界，各种光，各种幻象都出来了。到了色界如何做到心无挂碍呢？不追不求。色界出现的各种景象，各种光、七彩的光、五彩的祥云、各种美好的体会，包括所谓的神通，不求——有就来，没有就没有；不追——来了就来了，去了它就去了，光芒消失就消失了，没有必要跟着它走，这就是我们讲的不追不求。色界里面的种种景象，你只有把色界放下，把种种景象都放下，不追不求，才能做到心无挂碍。

当作到了色界里的心无挂碍，会进入无色界，诸法空相，究竟涅槃。在无色界诸法空相的时候是人天混成，你的性根本不存在了，我心即天心，这是最高层次的心无挂碍。到了这个层次才能“不垢不净”，没有垢和净，也就是所谓的“无无明，亦无无明尽”。修行是有垢和净的，在色界都含有垢和净，只有到了无色界，才是“菩提本非树，明镜亦无台，本来无一物，何处惹尘埃”。

大家不要以为佛家和道家不讲垢净，你天天做坏事，你丧尽天良，你说你得道了？你说你成佛了？你说你成仙了？你是恶魔呀！不垢不净是在无色界，你连色界都没有到。你在欲界里丧尽天良，你就白日飞升了？你就立地成佛了？笑话！所谓放下屠刀，立地成佛，不是说你杀人无数，把刀一放，哎，我成佛了。哪个杀人犯，临死前还想杀人啊？绝大多数杀人犯，临死前都不杀人了，是不是杀人犯都成佛了？不可能。而是说你放下屠刀，这个时候你心无挂碍，你可能修行了三十年，有很深的道行，但是你觉得年轻时做了一件坏事，放不下。或许三十年前你杀了人，当你把这件事情放下，真正做到心无挂碍，最终才能得道。不是说你杀了人，我不想了，我就心无挂碍，不是！你的心是垢的、脏的，“时时勤拂拭，勿使惹尘埃”，把它擦干净，由色界进入无色界，这才是“本来无一物”，这才叫作放下屠刀，立地成佛。不是说你杀完人了，“哎呀，要成佛先杀人啊，把刀一扔成佛了”，那是不可能的！

我们引用《心镜录》“举一心为宗，照万法如镜”，大家就明白了为什么叫《心经》。心在修行中非常重要，核心是心无挂碍。如何做到心无挂碍？要无心应物，缘化万有。缘化万有讲万事万物，其实就是缘起缘落的过程；无心应我，也就是道家讲的真常应物，真常得性，就是你的元神、你的心。真常如何应物？吕洞宾讲的“真常须应物，应物要不迷”。怎么才能做到不迷？第一淡定从容，像看电影一样看待周围的事物；第二一念不起，把心里扫一扫、擦一擦，别乌七八黑的；第三波澜不惊，这个时候你就入定了。到了色界，不追不求；然后进入无色界，诸法空相，究竟涅槃，把生死也放下，一打坐就可以走掉了。这就是我们《心经》讲的心无挂碍，也是我们修行的出发点。无碍一直伴随修行的始终，如何做到无碍，值得大家去思考。

第八讲

我们把《心镜录》的话，给大家讲的再多一点。“无心应物，缘化万有，水月空华，影像无主。”“无心应物”，我们讲了万事万物的变化，自来自去，与我无关，像看电影一样。其实与你都有关系，有什么关系？缘嘛，有缘才围着你转，万事万物都是缘所化，你看着它起起伏伏，出现了，消失了，消失了，出现了……这是“缘化万有”。“水月空华”，“缘化万有”就呈现了各种相，看上面一个月亮，下面大江大水，月华照在水面上，水月空华，其实是镜花水月一场梦啊。“影像无主”，这个场景无主跟你没关系，这个场景都是缘所化的，缘起缘灭，万事万物就在这里起伏。起伏之中，一念不起之时就是你入定之时，就是你从欲界进入色界之时。而你不追不求，色界消失的时候，就可以进入无色界。

《心镜录》讲的“无心应物”，这个心包括了先天的元神和后天的识神。“无心应物”指不用识神，不用欲界的各种念去应物，而是用自己的真常去应物，真常得性也就是元神，用元神应物，不跟着物走。道家讲真常应物，真常得性，真常是元神，而佛教讲无心应物，这两个不矛盾，说的是一回事，大家要搞清楚。只有用真常应物，才能做到“应物要不迷”，就不会迷惑，也就是与万事万物之间有疏离感，看周围的事物像看电影一样。

有个朋友说一打坐，坐下来他的念头非常多，起起落落，从欲界里走不出来。这也不可怕，因为在欲界也分了两种境界，第一种境界是小我，就想自己那点破事；第二种境界也在欲界，他想的是大我，“水利万物而不争”，“上善若水”，“水利万物”就是大我，“不争”就是放弃小我，这就是儒家讲的内圣外王。所以，在欲界里面你可以达到儒家的境界。我们讲了净静寂，第一个是净，干净，先把你乌七八黑的念头擦一擦，把你的心洗一洗，洗心革面，相由心生，洗完心以后，长相都会变。所以，在第一层欲界的境界里，如果走不出来，先把你乌七八黑的东西去了，先做到儒家的境界，然后再一步一步地走出来。怎么从里面走出来呢？我们讲了啊，缘化万有。每一个念头就是一个缘，这个念头起来了、又过去了，念头过去了就是过去，下一个念头还没起来就是未来，过去和未来之间有一个空隙，这个空隙可能只有一秒钟，这是你定的时间。慢慢地由一秒会变成两秒、三秒……乃至一个小时、两个小时，一天、两天。这样就可以从欲界入定，入定就到了色界。那么需不需要时间呢？需要，所谓久坐必生慧，慧就是我们讲的般若，般若就是慧，智慧。什么智慧？觉悟后的智慧，也就是道家讲的性。久坐必生慧，打坐时间够长，一定会入定。多长？也就是一个时辰之内，你一定会入定。当然了入定的时间有长有短，刚开始可能很短，没关系，再短的时间，你也从欲界到了色界。

从我们上面讲到的内容，大家就可以知道，修行对普通人来说是很难的。不管是儒家、佛家还是道家都难，儒家在欲界里修大我，佛家修真我、修性，道家不仅是修真我、修性，还要练形，非常难。普通人要去修行是很困难的，那修行是不是离我们就很远了？不是的，时时都在修，不修之修，每天你都观照观照自己，拿把镜子照照自己，洗把脸看看自己，每天想想都干了些啥勾当，这就是儒家讲的三省吾身。按照《黄帝内经》的说法，时时都可以形神相依，都知道自己的存在。很多人一天到晚不知道自己的存在。为什么？你们都想这想那，想不到自己，想到自己就是想我有钱，都是我的，这个位置给我，只有这个时候你才想到自己。你们想不到自己，你们不存在。多想想自己，那多想自己是不是自私自利呢？不是，是让你形神相依！其他的事情多想别人，上半夜想自己，下半夜想别人。你别老想自己，啥都是我好，这个我爽就行，不能不考虑别人。多想想自己，更多想想别人，你就可以做到时时都在修行，不修自修，先从这儿开始。真正要更上境界，从欲界走出来，那是另外更深的层次了。

第九讲

《心经》对诸法空相做了很多的描述，“是诸法空相，不生不灭，不垢不净，不增不减，是故空中无色，无受想行识，无眼耳鼻舌身意，无色声香味触法”等，这都在描述诸法空相。道家高度凝练叫“致虚极，守静笃”。致虚极，观，没有东西；守静笃，一点声音都没有，落根针都听得见，掉片树叶都听得到。视之不见名曰夷，听之不闻名曰希，“致虚极，守静笃”就是希夷。这个时候搏之不得名曰微，眼睛看不见，耳朵听不到，抓不住，各种触觉体感都没有，这就是诸法空相。

当然了《心经》讲诸法空相又能够出现不生不灭，还有乃至无老死亦无老死尽，无苦集灭道。那么，道家怎么讲这个过程呢？道家的《道德经》是这么讲的，“致虚极，守静笃”，所以就能够“万物并作，吾以观其复”，就是这世界上万事万物的生老病死苦集灭道，你可以观复。什么叫作观复呢？就是“夫物芸芸，各复归其根，归根曰静，静曰复命，复命曰常，知常曰明”。“夫物芸芸”，天地间万事万物的生长，不都是因为有根吗，植物有根啊；“复归其根”，野火烧不尽，春风吹又生，那就是因为草有根啊，所以才能够不停地一年四季的变换；“归根曰静”，在根的时候，没有长，什么东西都没有，就根在那，也没生长，也没发芽，也没长叶嘛；“静曰复命”，所以才能够来年再长出来，才能野火烧不尽，春风吹又生；“复命曰常，知常曰明”，复命才叫作常，这个东西才不变的，才是有常的，其他的花开了、叶发了、芽长了那是无常，一阵风吹过去花也凋了，叶也凋了，又进入冬天了，那个是无常。所以，归根曰静，你只有静的时候，才能够归其根，根是在地下，没有动静的嘛，然后到冬天蛰伏在那里嘛。“归根曰静，静曰复命”，到冬天蛰伏在那里，什么都不动，他就复命，到了春天之后才长出来，就是夫物芸芸，又成了芸芸众生。“复命曰常”，这个东西可以一年一年的生长下去，这个叫作常，这是真常，真性。

就像我们人在尘世中轮回，我们的身体死掉了，然后又投胎，死掉了又投胎，死掉了又投胎，这就像草在春夏秋冬长，长出叶子来了繁荣了，冬天凋零了，第二年又长出叶子繁荣了，冬天凋零了，第三年又长出叶子繁荣了，冬天凋零了，这个东西叫作复命，叫作真常。真常是因为有根，复命叫作真常，知常才曰明，什么叫作明？照见五蕴皆空就是明。用什么东西照？神光。什么是神光？元神，元神就是真常，就是不生不灭的东西，就是你的元神，他发的光就是神光，就是光明。所以知常曰明，知常是什么东西？是真常、真性、元神，元神就有光，所以知常曰明。什么叫作复命曰常，你生了死了，生了死了，投胎的都是那个元神，那个元神不灭，所以叫作复命曰常。归根曰静，静曰复命，你一天在跑跑跳跳，跑跑跳跳，咣当一下倒下去死了，肉身不动了，但是你的元神凝聚在那里，然后通过佛家讲的中阴身又投胎了，又复命了。

所以，夫物芸芸，各归其根，他讲当你“致虚极，守静笃”的时候，就会进入“夫物芸芸，各复归其根，归根曰静，静曰复命，复命曰常，知常曰明”。这就是我们说的“诸法空相，不生不灭，不垢不净，不增不减”，是不是不生不灭呢？是在生和灭之中，不停地生灭是你的肉身，是我们四维的时空，是我们在更高维度上看到的虚幻的世界，始终如一的世界，生的时候你在死，死的时候你在生，因为没有时间了，而你的真常、真性、真如、元神是不生不灭的。“是故空中无色，无受想行识，无眼耳鼻舌身意，无色声香味触法，无眼界，乃至无意识界，无无明，亦无无明尽，乃至无老死，亦无老死尽。无苦集灭道，无智亦无得。”《心经》用这么多字来形容诸法空相，但是老子用更逻辑的一些推理来讲，佛家和道家的区别大家可以看出来。佛家用很多语言形容，让你自己去体会，去慢慢地感觉，去悟，所以哪怕你文化程度很低，也可以信仰佛教。文化程度低不怕，慢慢去体会慢慢去悟呀。道家是用另外一种办法，因为道家的语言逻辑性很强，用很高深的道理去告诉事物背后的本质，这个很多人是不懂的。

般若秘咒第五

故知般若波罗蜜多是大神咒，是大明咒，是无上咒，是无等等咒，能除一切苦，真实不虚。故说般若波罗蜜多咒。即说咒曰：揭谛揭谛，波罗揭谛，波罗僧揭谛，菩提萨婆诃。

第一讲

现在我们讲第五部分："般若秘咒"。"故知般若波罗蜜多"，"般若波罗蜜多"就是我们的《心经》的秘法。《心经》的秘法就是让你的智慧到达极乐的彼岸。"般若"是智慧，"波罗"是彼岸，"蜜多"是极乐。智慧到达极乐的彼岸，就是极乐世界。方法就是我们的《心经》。

我们的《心经》是"大神咒"，神指的是菩萨，自在菩萨，每个人皆具佛性，就是依靠《心经》的秘法修行可以得到菩萨道，我就是菩萨，自在菩萨，所以它是“大神咒”，能够得到菩萨道。第二是“大明咒”，就是依赖《心经》的心法，你无无明，没有黑暗，达到通透，五蕴皆空，无无明，所以叫“大明咒”。第三是“无上咒”，你能够得到“阿耨多罗”，“阿”是无，“耨多罗”是上，就是“无上咒”。第四是“无等等咒”，“阿耨多罗三藐三菩提”的“三藐”就是指“无等等咒”，是最好的啦。当然因为是最好的，所以没有所谓的好，没有不好就没有所谓好。

“能除一切苦”指的是“度一切苦厄”。第一句“观自在菩萨，行深般若波罗蜜多时，照见五蕴皆空，度一切苦厄”，就是“能除一切苦”。怎么样“能除一切苦”呢？“能除一切苦”是指“无无明，亦无无明尽，乃至无老死，亦无老死尽。无苦集灭道”，这就叫能除一切苦，没有轮回和轮回之中的痛苦，所以在一开篇就讲能“度一切苦厄”，然后讲“无苦集灭道”，最后讲“能除一切苦”。“真实不虚”，指的是“萨埵”，“菩提萨埵”，我们的菩萨就是大智慧的真实存在。这里就讲“般若波罗蜜多”就是我们《心经》的秘法，他能够让你的智慧到达极乐的彼岸，因此它是“大神咒”，能够成就你的自在菩萨，成就你的佛性；是“大明咒”，让你“无无明”；是“无上咒”，能够得“阿耨多罗”；是“无等等咒”，“三藐”；“能除一切苦”，让你“度一切苦厄”，“无苦集灭道”；“真实不虚”，得到我们的“萨埵”。

“故说般若波罗蜜多咒。即说咒曰：揭谛揭谛，波罗揭谛，波罗僧揭谛，菩提萨婆诃。”前面讲的都是显法，讲《心经》的显法，后面讲咒语，就是秘咒，你要来回的念这个咒语。“揭谛揭谛”，“揭谛”是体验的意思。所谓的体验就是整个人融入《心经》之中，心比身大，心外无物。然后是“波罗揭谛”，这是彼岸的体验，到达彼岸。“波罗僧揭谛”，就是这个修行者到达彼岸，他的体验。彼岸的体验是你看到了彼岸，你在苦海之中看到了彼岸，看到了西方极乐，“波罗僧揭谛”，你就到达了极乐。然后“菩提萨婆诃”，就是你得道了，成了菩萨了。

“揭谛揭谛”，我就是《心经》，《心经》就是我，《心经》讲的这些东西我都体验到了。体验到了，我就看到了极乐的彼岸。“波罗僧揭谛”，我到达了极乐的彼岸。我到达了极乐的彼岸之后我是什么？“菩提萨婆诃”，我就是菩萨，自在菩萨。“菩提萨婆诃”本身是一个颂语，就是祝福的语言，但是把它音译成“菩提萨婆诃”又代表了菩萨道的意思。

“揭谛揭谛，波罗揭谛，波罗僧揭谛，菩提萨婆诃”，这个是音译，直接把梵文音译过来。为什么要音译呢？因为是咒语，是秘咒。什么叫作秘咒？秘咒就是照这个原音去念，来来回回的念，能够形成共振。声音形成声波，它能够形成共振，你可以念出来，也可以默念，等达到一定频率的时候，那么多人念这个咒语，能够形成共振，然后得到菩萨的加持。念念不忘，必有回响，当你念到一定的时候，你会发现你与菩萨共振，你会看到菩萨，乃至于你自己就是一个菩萨。

所以，咒语的意义就让你来回地念，你可以念出声、也可以默念，所以他是音译。但是他译的很巧妙，音和意他很好地整合起来了。你既可以念，不想它的意思就这么念，有那么多人念这个咒语，它是非常强大的一个能量，但是你也可以知道它是可以有意义的。这是最后的咒语，“揭谛揭谛，波罗揭谛，波罗僧揭谛，菩提萨婆诃”，这就是我们《心经》的秘咒。

第二讲

在这里我们从《心经》的角度总结一下如何证道，分了十个步骤。《心经》全名叫《般若波罗蜜多心经》，是唐三藏法师玄奘奉唐太宗李世民的诏翻译的。”心经“二字是中文，前面六个字”般若波罗蜜多“是梵文的音译。般若是智慧，为什么不翻译成智慧呢？因为不好翻译，般若所讲的智慧是觉悟以后的智慧，觉悟之后的智慧就是道家讲的元神。这个意思很复杂，不便用简单的中文来翻译。波罗指彼岸，也不好翻译。彼岸指的是什么？佛家讲六道轮回，人都在苦海里面轮回，如果能够到达彼岸，就能了脱轮回。如何才能到达彼岸呢？蜜多就是到达的意思，也就是渡。形象地讲，渡需要坐船，坐大船把自己和别人都划过去，所以叫大乘。般若波罗蜜多就是指觉悟后的智慧到达彼岸，这个意思不好翻译，而且可以有多层理解。所以，三藏法师直接用了梵文音译，直接音译为《般若波罗蜜多心经》。为什么叫心经？一种说法是要用心去体会。

这部经因为是要到达彼岸，了脱生死，突破六道轮回，所以是一部修行的经书。《心经》讲了如何证道，证道之后就到达了彼岸。《心经》讲如何证道呢？我们把经文打碎了，掰开了、揉碎了，给大家讲解。

《心经》讲的证道分了十步，第一步是无碍，也就是说要心无挂碍。只有心无挂碍，才能够“依般若波罗蜜多”，才能够到达彼岸。怎么才能做到心无挂碍呢？要“无眼耳鼻舌身意，无色声香味触法，无眼界，乃至无意识界”，“无眼耳鼻舌身意，无色声香味触法”，就是我们讲的六根六尘，六根清净，六尘不染。道家的说法是眼睛不要去看，眼睛一看神光就没有了，耗神；耳朵不要去听，耳朵一听见，肾精就没有了，耗精；口舌不要动，口开神气散，舌动是非生，一讲话气就没有了，说话耗气。精气神三宝都给你用了，所以要“无眼耳鼻舌身意，无色声香味触法”，把六根六尘都给灭了，这是第一。第二，还要把你放不下的东西放下来。你放不下的东西不外乎是名利权，还有个是情。你心里面只要有挂碍，物悬留影，就有阴暗的地方。大家真的应该走到自己的内心去看一看，究竟是什么东西在用鞭子一鞭一鞭地抽打那颗小心脏，究竟是什么人在那里流下一滴眼泪，又是什么人把你的心打碎，一片一片满地都是，还能不能把它粘起来。

只有心无挂碍，才能做到第二步无畏。“无挂碍故，无有恐怖”，这就叫作无畏。关于无畏的问题，《普门品》里面讲“观世音菩萨摩诃萨，于怖畏急难之中，能施无畏，是故此娑婆世界，皆号之为施无畏者”。娑婆世界就是我们人间，称观世音菩萨为施无畏者，因为观世音菩萨于怖畏急难之中，可以让你不觉得害怕。那么，怎么样才能不觉得害怕呢？“无挂碍故，无有恐怖”。说到底就是你已经很淡定了，能够做到无碍，进而无畏，淡定从容，坦然处之。那么，你就能够“远离颠倒梦想”，做到无欲，那些欲望、那些颠倒梦想就没有了。从无碍到无畏，再到无欲，这是证道的第三步。

远离颠倒梦想，内心没有阴暗的东西，你就能做到心灯长明。我们说燃灯佛所是燃灯古佛在的地方，既在你的身外，又在你的身内。外景在身外，内景在身内，内景就是外景，外景就是内景，菩萨在你的身之外，菩萨也不离其身。所以，当你做到无欲无求，远离颠倒梦想的时候，就能够“无无明，亦无无明尽”。内心就没有阴暗的地方，无事不可对人讲。所以，很多群友在微信里悄悄跟我讲话，我把很多话转到了我们的社工群。为什么悄悄跟我讲？觉得这个东西不能对大家说。其实啊，无事不可对人言。心中无无明的时候，就会发现为什么无无明？因为有光嘛，有光你才能够做到无无明啊。

“照见五蕴皆空”，用什么照？用光，用你的神光，用你的慧光，道家讲的元神，佛家讲的般若、智慧。觉悟后的智慧会发出神光，照见五蕴皆空，你就能够做到“无无明，亦无无明尽”。

此时，你进入了色界。这是证道的第四步

进入了色界之后，不能停留在色界。因为前面的无碍、无畏、无欲，是让你脱离欲界。脱离了欲界，进而无无明，照见五蕴皆空，你就进入了色界。色界再往下走，就会出现无相。什么叫作无相？“色不异空，空不异色，色即是空，空即是色，受想行识，亦复如是。”色受想行识五蕴皆空。怎样五蕴皆空？用神光去照，那就是色，光就是色，我们用神光可以”照见五蕴皆空“，那还在色界。色界照见的最后是什么？照见的是空相。“是诸法空相，不生不灭，不垢不净，不增不减”，所以，你要从色界的无无明，进入到无色界的无相。这是第五步。

进入到无相境界之后，会发现是诸法空相，不生不灭，不垢不净，不增不减，是故空中无色，无受想行识，无眼耳鼻舌身意，无色声香味触法，无眼界，乃至无意识界，无无明，亦无无明尽。乃至无老死尽，亦无老死尽，无苦集灭道，无智亦无得”。所以，在无相的境界能做到“度一切苦厄”，也就是“无苦集灭道”，远离苦海。这个人世间苦啊，就算得到了迟早要死的，人都要死的、都要分离的，你只有在无相的境界，自己放下了，才能没有苦集灭道，度一切苦厄，才真正从苦海里头走出来，原来这个世界充满阳光，原来世界还是那么美好，离了谁你也能活。这是第六步

直到无苦集灭道之后，才能够无老死，“乃至无老死，亦无老死尽”。所以，第七步是能够做到不生不灭，就是所谓的“不生不灭，不垢不净，不增不减”，也就是《黄帝内经》讲的“不

生化”，有没有不生化的呀？有啊，这是道生，不生不灭啊。

这个时候才会发现，其实是无智无德，这就进入第八步。我们讲般若是智慧，是开悟后的大智慧，也就是我们讲的元神。无智的时候，连你的元神都要放下，既无智又无得。《金刚经》讲：如来在燃灯佛所，于法有所得乎？如来在燃灯佛所，于法实无所得。如来在燃灯佛所，佛法什么都没有。你走进内心去看一看，把灰尘擦一擦，把灯点一点，这是开始。到后来，灰尘都不用擦了，哪有什么灰尘，灯也不用点了，无色界啊。所以，你要做到无智亦无得，把觉悟后的智慧，把修行所获得的种种乐趣都放下，才能够做到第九步涅槃。当然了，你都无智无得了，该涅槃了，撒手吧。什么是涅槃？就是般若波罗蜜多，就是到达彼岸啦。“三世诸佛，依波若波罗蜜多故，得阿耨多罗三藐三菩提。”什么叫阿耨多罗三藐三菩提？就是指道，最后得道了，这是第十步。“得阿耨多罗三藐三菩提”，有没有得？有得啊。前面不是说无得嘛，你还没涅槃嘛，涅槃了以后就证道了。

总结起来，我们跟大家讲《心经》的证道十步。在《心经》的范畴内，证道始于心，终于心。什么叫始于心呢？第一步无碍，放下你的六根六尘，放下你放不下的名利权情，都放下。“无挂碍故”，你才“无有恐怖”，进而做到无欲，可以心静如止水，淡定从容。无畏的时候才能够无欲，远离一切颠倒梦想，这是第三步。做到无碍无畏无欲，就能够从欲界进入到色界。“照见五蕴皆空”，“无无明，亦无无明尽”，进入到色界。此时就没有黑暗了，整个宇宙和你的身体都是光亮的，光亮到了没有光，光亮透明的极致就是没有光。整个宇宙和你的身体都是光亮的，到了没有光，那就是“诸法空相”，此时进入无相，进入了第五步。前面三步是欲界，第四步是色界，第五步是无色界。到了无色界，就能够无苦集灭道，度一切苦厄，远离苦海，这是第六步。远离苦海的你，无老死，亦无老死尽，你就能够不生化了。此时你的六道轮回就没有了，无苦集灭道之后进一步你就从六道里面出来了，就没有老死了，亦无老死尽，这是第七步。第八步是无智无得，把所得到的佛法、得到的智慧、得到的修行、得到的道行，全都放下。第九步就可以涅槃了，撒手了。一般来讲，这种情况你都知道你撒手的时间。晚上到师父门口磕个头，师父我要走了，半夜就走了，涅槃了。涅槃之后，你才得到阿耨多罗三藐三菩提，也就是证道了，复归于心，始于心，终于心。这就是我们讲的《心经》证道的十个步骤。当然了，修行的法门有很多，佛家、道家、儒家都有各自修行的法门。《心经》是大乘佛法的一个总括，也是对修行的基本概括。

后　记

第一讲

在这本书里，我们用了一些时间从儒释道医四个方面，给大家简单地串讲了一下大乘佛教最主要的一部经典——《心经》。《心经》又叫《观音心经》，观音是菩萨，也就是智慧。菩萨是“菩提萨埵”的简称，“菩提”是智慧，大智慧，觉悟，“萨埵”是真实存在，简称菩萨。《心经》又叫作《菩萨心经》，就是你修《心经》可以得到菩萨道，可以觉悟，可以得到大智慧，可以抛弃你的肉身，让你的智慧到达彼岸。“般若”是什么呢？智慧。“波罗”是彼岸，“蜜多”是极乐，让你的智慧到达极乐的彼岸，“无苦集灭道”，不受轮回之苦。大乘佛教讲《心经》，为什么称大乘佛教呢？因为我们都在苦海之中，在苦海之中我们要坐船渡过去，也可以自己坐小船渡过去，也可以坐大船渡过去。

我们在这里用儒释道医的知识，从不同角度去讲解《心经》，就是希望能够普度众生，让更多的人到达快乐的彼岸。我们的普度众生既包括让他精神愉悦，减除他灵魂的痛苦，又包括减除他肉身的痛苦。中医就是为了减除患者肉体的痛苦，当然我们还需要解除患者灵魂的痛苦。为什么呢？因为我们很多病治不好，尤其是很多肿瘤，我们治不好。我们很多的肿瘤患者时时面临着死亡的危险，他的精神是非常的痛苦，我们叫作灵魂痛。他这种灵魂的疼痛是止疼药物解决不了的，也是我们药物治疗不能解决的。他的灵魂很痛苦，他面对死亡，他恐怖，他有颠倒梦想，他憎恨这个世界。很多癌症患者走之前对这个世界是充满着憎恨的、报复的，他的灵魂走得是不安详的；他有挂碍，他不想离开这个世界；他有恐怖，他有痛苦，他有颠倒梦想，他以为世间有神能够治愈他。

我想用《心经》去告诉大家，一个智慧的人生是什么样子的，我们如何才能远离我们的痛苦，我们如何才能够放下心中的挂碍，我们如何才能够没有恐怖，快乐地生活，我们如何才能离开那些颠倒梦想，所有预期跟我们不一样的东西，我们如何愉快地去接受这个世界。地球并不围绕着我们运转，我们只是这世界上一粒小小的尘埃、一颗沙，但是让我们的阳光普照，也就是我们灵魂的解脱。

佛教讲普度众生，我们太湖学院的院歌《巴山夜语》讲普惠人间，这也是我们今天给大家讲《心经》的原因和意义，也是把它列为我们太湖学院博士课程的原因。作为一个博士课程，需要那么多中医的知识，科学在半山腰，山顶上是宗教，是神学。我们要做一个有信仰的人，信仰什么？信仰大医精诚，做一个好的大夫；信仰普惠人间，做一个善良的人；信仰普度众生，做一个慈悲的人、有怜悯心的人；要学佛家的慈悲，要去怜悯众生；要学我们道家的智慧；来学好我们中医学的知识，去拯救众生，去治病救人；还要学我们儒家的济世，如何让更多的人更好更快乐地生活下去。我想，做一个有专业，也就是大医精诚的人，同时又有信仰，普惠人间的人，这就是我们太湖学院的理想和追求。

第二讲

大家听我们讲完《心经通解》就会发现佛家和道家同中有异、异中有同。总的来讲，佛家是什么呢？佛家他是修性。“性”也就是我们的性光，也就是我们的元神，也就是我们的智慧，也就是我们的“般若”。而道家呢，他是从修命开始。“命”也是我们的肉身，他通过修我们的肉身来突破天数，因为我们 DNA 的底层代码决定了人的天数。天数是多少呢？一到三百年。道家是从修命、修身开始，修命、修身，那就是修“有”；修性、修神，那就是修“无”。所以，佛家讲“诸法空相”“凡所有相，皆是虚妄”，而道家从形开始入手、从命开始入手。那么，这两个之间区别很大，但最后都是要“粉碎虚空”。

《道德经》在第二章就讲得很清楚：“有无相生。”佛家从无入手，以神御形；道家从有入手，以形养神。因为形是神之舍，所以形可以养神。也正因为神舍于形，所以神可以御形。神可以御形，那就是《上古天真论》讲的：“恬淡虚无，真气从之。”以神御形，“恬淡虚无，真气从之”，而以形可以养神。这个就是什么，“有无相生”，这是《道德经》讲的。所以，“有无相生，难易相成，长短相形，高下相盈，音声相和，前后相随。恒也。是以圣人处无为之事，行不言之教；万物作而弗始，生而弗有，为而弗恃，功成而不居。夫唯弗居，是以不去。”这就讲了“有”和“无”的关系。第四十章更加讲了“反者道之动，弱者道之用。”“反者道之动”是讲什么的呢？讲“有”，也就相当于我们的阳气。“弱者道之用”讲“无”，讲我们的阴。“把握阴阳”，就是讲的道生一，生出我们的无极混沌；一生二，生出我们的阴阳。阴阳是什么关系？“反者道之动，弱者道之用”，这就讲我们的阴阳。“天下万物生于有”，如果没有，哪有什么万物？而“有生于无”，生于什么？生于道，所以“道常无为，而无不为”。

我们通过对《心经》的通解，就看到了道家讲的无为，其实是什么？有为。他所讲的无为是无不为，他是有为。他修炼的方法，是世间法。他从世间法到世外法，从炼形到炼神，从有到无。他是修命，从修命到修性。所以，道家修行，男性从下丹田开始，女性可以从中丹田。那个是孙不二，大家看过《射雕英雄传》

吧，全真七子里边有个孙不二，那是女的，她开创了女丹法。女性修道为什么容易成呢？因为女性啊，她修道是从中丹田——膻中穴开始修，而膻中穴离祖窍近。男性修道是从下丹田，从我们的气海开始修，那下丹田离祖窍穴远，也就是佛家讲的元神、性光、“般若”，离它远，所以，女性修道其实比男性修道要容易。尽管佛家和道家下手的方法不一样，最终都要到他这个祖窍穴、泥丸穴，到我们的元神。下手方法不一样，而道家讲究是从有到无，以形养神，最后炼神返虚、粉碎虚空，达到无为的状态。这里我们看到，佛家和道家修行的方法虽有不同，但是呢，最终的结局是相同的。

我们通过《心经通解》，用《道德经》去解《心经》，用《黄帝内经》去解《心经》，大家可以看到：我们的“医、儒、道”，他们之间的关系。不仅看到“医、儒、道”之间的关系，我们还可以看到生与死的关系、有与无的关系、形与神的关系，看到了我与万物的关系。对吧？我这个小的生命个体与宇宙的关系，也就是我与非我的关系。通过理清这些关系，我们能够更好地去什么呢？认识生命。为什么呢？因为比我们医学更高一个层面的，是我们的宗教。

我们通过对道家和佛家的理解，让我们持有一个更好的心态，能够更好地融入这个世界，能够更好地济世救人。怀有一颗慈悲心，用我们的神仙智慧去帮助芸芸众生，也就是把我们的菩萨心肠和我们的神仙智慧更好地结合起来，去悬壶济世。

学生问：《心经》是过程，是境界，也是般若、禅定所悟。如何入门呢？我们如何才可“般若”？“般若”之后的文字是“般若”之因，还是“般若”之果？

吴师答：《般若波罗蜜多心经》，这个“般若”指的是智慧，就是觉悟、大智慧。但是人家说首先你要觉悟，觉悟了你才有“波罗”，就是看得到彼岸；才有“蜜多”，才会产生极乐世界。那么怎么才能觉悟呢？啊，怎么才能够觉悟呢？怎么才能产生大智慧呢？这个啊，觉悟的过程，《心经》讲得很清楚，就是“观”和“照”。“观”就是什么呢？像一个旁观者去看，“照”就是用光。道家也讲观法，他叫返观内照，眼观鼻、鼻观心，返观内照，这是第一。什么办法？就是“观”“照”。

为什么要用“观”和“照”的办法呢？是因为他进入无意识界。无意识界，识神灭，而元神出。也就是说，只有当进入无意识界之后，他的性光才会出现，才可能用光去照。“照”的前提是什么？识神要灭，进入无意识界，性光才会出现。而进入无意识界的前提是什么呢？前提是“观”。他坐下来之后，打坐之后，就会有很多的“念”，很多的念头、念想，起起伏伏，缘起缘灭。只有用观的办法，没有我、放下我执，就像一个第三者看电影一样，这些缘头起来、灭掉，起来、灭掉，起来、灭掉。这些念头就像一个波，刚开始念头很大很多，慢慢念头越小、越少，最后趋于平静，进入无意识界。

到了无意识界之后，突然之间白雪满天，就是道家讲的“红炉白雪满天飞”，必能用光、必能光环出现，那就是他的性光，“照见五蕴皆空”。所以，通过“观”进入无意识界，然后出现性光去照。然后呢，他才能够看到“波罗”——彼岸。因为当“照见五蕴皆空”之后，也会出现“色不异空，空不异色，色即是空，空即是色”，就会出现种种神通。然后，再出现“诸法空相”。啊，这个时候，最后出现“无苦集灭道”。“无苦集灭道”，他就已经看到了彼岸——“波罗”。

所以，这个“般若”，他是一个过程，他是一个开悟的过程。你只有按照“三世诸佛，依般若波罗蜜多故”，才能够得到无上正等正觉，大开悟、大智慧。而成为什么？成为“菩提萨埵”——菩萨。而所谓的菩萨，就是“般若”到达极乐的彼岸。

第三讲

我回答一下窦老师的问题，作为《心经》讲解的一个总结。窦老师说他熟背《金刚经》《心经》，打坐的时候，有意无意地会默默地背诵《心经》，但是很多的书籍告诉他打坐的时候不能够诵经、不能持咒，那么打坐的时候究竟该不该诵经、该不该持咒呢？都可以。因为诵经持咒，能够让你杂念不生，打坐的时候你有很多的杂念，你是在欲界，张家长李家短，老王的媳妇，老朱的孙女，这个人赚钱，那个人亏本，这个人当官，那个人打下去了，很多杂念，欲念牵动你的身，打坐的时候诸念都来了。这些念头都是业，我们叫业风吹定海，定海翻起波浪，波浪翻腾引起云雾，云雾就是迷云遮慧月。那你的元神就控制不了啦，你的身体是被你的识神控制的，是被各种业控制的，是被欲界牵着走的，所以打坐的时候你静不下来。你要静下来可以诵经持咒，用一念代替万念，一心诵经一心持咒，一念代替万念，集中精力的时候，万念成灰。就像男女同房的时候，其他念想都没有了，真正地在集中精力，又像在看很精彩的电影的时候，其他念想也没有了。诵经持咒一念代替万念，就能让你诸念不生，就让你进入入定的状态。“观自在菩萨，行深般若波罗蜜多”时，般若波罗蜜多要让你入定，行“深”般若波罗蜜，叫作大定，所以要诵经要持咒。

那么当你进入入定的时候，已经诸念不生，接下来就该是一念不起，一念不起你就要把法、把经、把咒放下，这就是《金刚经》讲的“法尚应舍，何况非法”，先把非法舍了，然后再舍法。好多人说我不听你的佛法，“法尚应舍，何况非法”，法都是要舍的，但是你的层次很低啊，你还没到舍法的那个层次啊。一念不生的时候，再把经和咒都放下。这种情况还有很多类似的例子，很多人对佛教不理解，做人也有问题。比如，有人批判神秀的偈子“身是菩提树，心如明镜台，时时勤拂拭，勿使惹尘埃”，然后说慧能说得好。其实神秀说得也很好，他是从欲界进入色界，进入色界的时候就是“身是菩提树，心如明镜台，时时勤拂拭，勿使惹尘埃”。而慧能是从色界进入无色界，进入空相，所以“菩提本非树，明镜亦非台，本来无一物，何处惹尘埃”，这是在无色界。大家说慧能的偈子好，神秀的不好，你还在欲界好不好，那个“身是菩提树，心如明镜台”已经是很高的境界了，你还在欲界好不好？你是一个芸芸众生十大恶人，你说“哎呀，我不想当菩萨，我就要成佛”，那个你够不着，离你太远，就像我们说人人都想嫁给皇帝，人人都想娶个皇后，这是癞蛤蟆想吃天鹅肉啊。这话有点太直接，我们讲佛经的时候讲这话，其实就是让大家觉得形象生动，不那么枯燥。

我们再举个例子，要有我还是无我？通常认为无我啊，宗教讲无我，我不存在。不对呀，正因为你无我，你才会死，你才会轮回，因为你每天都是无我的，开车的时候你想的是路，吃饭的时候你想的是菜，上班的时候你想的是工作，你一天二十四小时没想到自己，你想到自己的时候就是钱，分钱的时候，这钱是我的。这钱是我的，你想到的是我吗？你想的是钱，你还不是没有想我吗？大家想想一天二十四小时，你们什么时候感觉到自己存在过啊！所以，东坡先生说了：长恨此生非我有啊。人人都是无我的，生活在欲界，我被欲界所牵引，是在欲界之中无我。所以要有我，修行的第一步就是有我。什么叫有我？观自在菩萨，回来，你的神先回来，回到你身体里面来，从外景之中回来，从无我回到有我，回到你身体来，所以叫观自在菩萨。观自在菩萨，才能行深般若波罗蜜多时，你的神在外面飘荡着呢，飘荡着首先要回到肉身，回到肉身才能够入定，这叫有我。

哪有我对不对啊？也不对。为什么呢？“色不异空，空不异色，色即是空，空即是色，是诸法空相”，你还要回到无我的状态，你再回到无我的状态，那个叫人天混成，那才叫天人合一，把自己与大自然合二为一。你说修行的时候人天混成，我做不到，那么做人的时候可以做到吧？放下自我，拥抱世界，世界都是你的。为什么太湖学院有这么多人支持？为什么太湖学院能够发展到今天？为什么太湖这么一个小团队，这么一个草根，什么都没有，它能够做起来？你无我的时候，各种能量都向你聚集，放下自我，拥抱世界，世界都是你的。当然在修行之中，就要注意人天混成，诸法空相，人不外乎是自然界的一个色啊，然后又做到无我。

回到太湖学院讲的课，好多人批评太湖学院，昨天有一个老师说有人批判聚类法，摸到手冷就阳虚吗？其实太湖学院没有说摸到手冷就阳虚，而是说手脚冰凉是阳虚常见的症状之一。摸到手脚冰凉，首先要考虑是不是由太阴进入了少阴。在太阴症状的基础上摸到手脚冰凉，明显地在太阴脾气虚的基础上出现手脚冰凉，是不是由太阴进入了少阴或者厥阴。手凉绝大部分是阳虚，但是还有肝气郁结、里热外厥，等等。但是，阳虚手脚冰凉是一个普遍规律，这是一个套路。什么叫作套路，普通人没学过武术，刚开始是无招的，乱打一气，啥都不懂啊。然后就告诉你要学套路，让你有招。当你到了一定境界的时候，又要散打，又要无招。你不能说："哎呀，我不学武术，我学啥武术啊，武术的最高境界就是无招胜有招。我不学，我现在就无招。"打不死你，你就欠打，你这样出去就挨打的样子。所以，从套路到散打是不同的境界，你还没到散打的境界，先学套路啊。你跑去找老师"老师我要学无招"，老师问："你会武术吗？""不会，我就要学无招，我就要散打，我一招一式都不学，你教我，明天我出去就打赢几百个人"，那可能吗！这样应该进精神病院。

同样在讲到打坐时持咒不持咒，诵经不诵经，我们需要辩证地看待。我们讲国学，我们讲宗教，我们不要进入虚无主义，不要进入极端的状态。比如，佛家讲顿悟放下屠刀，立地成佛，你就说要去杀人，恶事做尽了，突然有一天快死了，都活了这么多岁了，不想做恶事了，我成佛了。这个可能性没有，完全没有。佛家讲的顿悟是基于渐悟的基础上，功课已经做了九十九分，还差一分，突然之间悟到了，你就成佛了。这个比如像我学中医，小时候看了很多很多的书，然后自己觉得"哎呀，挺厉害了"，但是看病效果不好，连个感冒都治不好，那时候才十几岁。我爸就说"唉，我教不了你了，去找你段老师，找你表爷吧"，送我去表爷那儿学，表爷其实没教我什么东西，他不爱教我专业的东西，他让我先跟曾老师学习，然后再跟他学。还是上门诊跟着他看一看，没病人的时候都吹牛聊天，也不讲中医，但是他对我的影响非常深，让我突然之间顿悟了，一下子顿悟了。我走之前，离开成都之前，段老师给我两段话，对我感触很深。他一辈子与世无争，他给我说“你呀，要去争，要入世去争，为什么呢？完成你的使命”，但他是一辈子与世无争的人，每天拿着一本《易经》在那儿翻。最初，我很不理解，为什么你一辈子与世无争，你要让我去争呢？这有问题啊，你不喜欢的事情让我去做？我不理解他。第二段话，他说“我送你一个字”，他用手指在酒杯里蘸了一下，在木桌上画了一横，写了个“一”，去体会它，抱元守一啊。我好多年之后，才体会到他讲的精神，他传递的思想。

附：《心经通解》
——接通自我救赎之路

太湖学子　李明星

我们太湖医学院是一个网络医学大学平台，为何吴雄志老师要开讲佛家三经呢？为什么《心经》排在首位，专门当作一门课程——《心经通解》，免费给所有学生永久开放？而我们又为什么要学《心经》呢？

我们都知道相由心生、境由心造。同样，病也由心造。心决定性，心性；性决定命，性命；命决定运，命运；运决定气，运气；气决定色，气色。一个人的气色，外表显示的面色，就是我们所说的相。所以，当我们看到一个人的相貌，第一反应是气色好坏，随不随和，这便是心的外显。

因此，心性与健康、与疾病都有密切的关系。有人说为什么是我生病？为什么别人过得比我好？为什么付出那么多却没有回报或回报很少……总问为什么，却从未好好想过“为什么”！然后继续在执念中度日。这已经是现代社会中的常态。我们医生可以解除躯体的痛苦，但更要知悉病人内心的痛苦，并引导病人放下执念，多一份坦然，多一份自在。

诗人臧克家说：“有的人活着，他已经死了；有的人死了，他还活着”。我们在这碌碌的世间，有的人忧伤、埋怨；有的人费尽心思，搏名图利；有的人燃烧自己，照亮他人……

《般若波罗蜜多心经》用短短260个字，告诉娑婆世界中的我们如何修心，如何找回自我，明理，明心，见性，进而达到无上正等正觉的真谛。吴雄志老师，以一个医者的仁心，从释、儒、道、医的层面细细讲解《心经》，既宣明心经修行之法，又告知医者、患者处世之道，以良好的心态面对病苦、工作、生活。

学习《心经》，也许您成不了菩萨，做不了圣人，但是可以让自己在逆境中学习自我调整，让自己心胸开阔，不执着于人、物、事，在顺境中与人为善，善待他人，善待社会。

心中有善，才有爱。有爱就能感化他人，帮助他人。一个有爱的医者一定有解救世间疾苦的愿心。爱如温暖阳光，滋涵万物，使人常生喜悦之心，心生喜悦才能学会和懂得用悲悯之心对待这个世界，走上觉知与救赎之路。